DEFESA DO CONSUMIDOR BANCÁRIO

Interpretando precedentes do STJ sob a ótica do consumidor

Franck Gilberto Oliveira da Silva

Publisher: Washington & Lincoln University Press
First edition: NOVEMBER 2025 (Revision 1.0)

Author: Franck Gilberto Oliveira da Silva.
Title: Defesa do consumidor bancário: Interpretando precedentes do STJ sob a ótica do consumidor
Cover design: Washington & Lincoln University Press
Book design: Washington & Lincoln University Press
Proofreading: Washington & Lincoln University Press

E-book format: EPUB
Print format: Print format: Paperback- 6 x 9 inch

ISBN: 978-1-966958-20-8 (Print - Paperback)
ISBN: 978-1-966958-19-2 (e-book – EPUB)

Editora: Washington & Lincoln University Press
Primeira edição: novembro 2025 (Revisão 1.0)

Autor: Franck Gilberto Oliveira da Silva.
Título: Defesa do consumidor bancário: Interpretando precedentes do STJ sob a ótica do consumidor
Design da capa: Washington & Lincoln University Press
Projeto gráfico: Washington & Lincoln University Press
Revisão: Washington & Lincoln University Press

Formato e-book: EPUB
Formato impresso: Capa mole - 6 x 9 polegadas

ISBN: 978-1-966958-20-8 (Impresso – capa mole)
ISBN: 978-1-966958-19-2 (e-book – EPUB)

Washington & Lincoln University e WALN University são marcas registradas da Washington & Lincoln University, Inc.
Washington & Lincoln University Press é uma divisão da Washington & Lincoln University, Inc.
Orlando, FL, USA
https://press.walnuniversity.com • https://walnuniversity.com

PREFÁCIO

A consolidação do sistema de precedentes no Brasil, a partir do CPC/2015, representou uma inflexão metodológica na forma de compreender, estruturar e aplicar o Direito. A estabilização decisória — fundada nos princípios da segurança jurídica, da igualdade e da coerência (art. 926 do CPC) — não pode, contudo, significar engessamento hermenêutico nem afastamento da principiologia constitucional que rege as relações de consumo, especialmente a tutela do consumidor enquanto direito fundamental (art. 5º, XXXII, CF/88) e princípio da ordem econômica (art. 170, V, CF/88).

É exatamente nesse ponto de tensão — entre a rigidez formal dos precedentes qualificados e a proteção material do sujeito vulnerável — que se situa a presente obra de Franck Gilberto Oliveira da Silva. O livro realiza uma leitura criteriosa dos Temas 246, 247 e 953 do Superior Tribunal de Justiça, tratando da capitalização de juros em contratos bancários e da imprescindibilidade da expressa pactuação, nos termos da jurisprudência da Segunda Seção. A análise do autor segue a linha de compreensão segundo a qual a mera previsão legal de possibilidade de capitalização (como na MP 2.170-36/2001) não dispensa o pacto inequívoco entre as partes, sob pena de violação aos princípios da boa-fé objetiva e da transparência contratual, conforme reforça o próprio art. 52, V, do CDC.

A contribuição desta obra é particularmente relevante porque aborda o impacto concreto desses precedentes na realidade do consumidor bancário, especialmente no período de 2012 a 2017, demonstrado graficamente na p. 110. Nesse intervalo, observa-se aumento superior a 68% na taxa média de juros das operações de crédito às pessoas físicas, fenômeno que suscita legítima reflexão sobre os efeitos econômicos das decisões judiciais em sede repetitiva. A interpretação sistemática do Direito — tal como preconizam Marinoni, Mitidiero e Daniel Neves — impõe compreender que a ratio decidendi de um precedente não pode ser aplicada de modo dissociado da principiologia constitucional que orienta as relações de consumo.

O autor adota abordagem que articula dogmática civil-constitucional, teoria dos contratos bancários, proteção do vulnerável e análise macrojurídica do crédito, contextualizando os precedentes do STJ na arquitetura institucional do Sistema Financeiro Nacional. Destaca-se, inclusive, a distinção tecida entre montante de juros e taxa de juros, elemento essencial para compreensão técnica do impacto da capitalização, como registrado no capítulo dedicado à matéria.

A obra também aprofunda a natureza jurídica dos contratos bancários — especialmente sua classificação como contratos de adesão — e evidencia a mitigação da autonomia privada em razão da hipossuficiência estrutural do consumidor. Tal compreensão dialoga diretamente com a jurisprudência consolidada, bem como com o art. 4º, I e III, do CDC, que consagra a vulnerabilidade como pressuposto normativo do sistema e a harmonização das relações de consumo como diretriz permanente.

Do ponto de vista processual, o livro esclarece de maneira didática e tecnicamente precisa a distinção entre precedente, jurisprudência e súmula — ponto ainda mal compreendido por muitos aplicadores do Direito. O tratamento conferido aos dispositivos do CPC/2015 (arts. 926, 927, 928 e 489, §1º, V) é rigoroso, adequado e fiel às premissas doutrinárias contemporâneas.

No conjunto, trata-se de uma obra que cumpre dupla função:

(i) acadêmica, ao sistematizar com consistência teórica e metodológica o regime jurídico da capitalização de juros à luz dos precedentes qualificados do STJ;

(ii) prática, ao oferecer aos profissionais do Direito um roteiro seguro para atuação em demandas revisionais, embasado na dogmática, na jurisprudência dominante e nos princípios constitucionais aplicáveis.

Como estudioso da institucionalidade brasileira e defensor da centralidade dos direitos fundamentais na interpretação jurídica, registro que esta obra reafirma — com precisão e sobriedade — que o sistema de precedentes não pode obscurecer a finalidade última do Direito: assegurar justiça, equilíbrio contratual e efetividade à dignidade do consumidor, especialmente no campo sensível das operações bancárias.

Trata-se, portanto, de leitura essencial para todos os que se dedicam ao Direito Bancário, ao Direito do Consumidor e ao estudo aprofundado do modelo brasileiro de precedentes.

Valdetário Andrade Monteiro
Advogado
Professor de Direito
Conselheiro Federal da OAB
Ex Conselheiro do CNJ e Ex Presidente da OAB Ceará.

SUMÁRIO

SOBRE O AUTOR

Franck Gilberto Oliveira da Silva

O Autor é Advogado, Professor da UNAMA (graduação e pós graduação) e Professor do CEPA JOB (ensino técnico). Atualmente cursa doutorado na Washington & Lincoln University (Orlando – EUA). Mestre em Ciências Jurídicas pela Ambra University (Orlando - EUA). É especialista em docência do ensino superior, direito processual civil, direito bancário, direito empresarial e direito do consumidor. Ex- conselheiro federal da OAB/AP, Diretor jurídico do IAMPER (Instituto Amazônico de Petróleo e Energias Renováveis), Presidente da Comissão de Petróleo, Gás Natural e Biocumbustíveis da OAB/AP, Presidente do Tribunal de Ética e Disciplina da OAB/AP, Ex-Presidente da comissão de direito bancário da OAB/AP, Vice-Presidente da Comissão Nacional de Defesa da Amazônia do conselho Federal da OAB.

INTRODUÇÃO

A proteção do consumidor tem status de direito fundamental (art.5º, XXXII da CF) além de ter sua observância obrigatória em relação à ordem econômica (art.170, V, da CF). As normas consumeristas não visam impedir a livre iniciativa, mas buscam, tão somente, salvaguardar os direitos mínimos dos consumidores frente às operações contratuais, em especial com as instituições financeiras.

Apesar das disposições voltadas à proteção do consumidor, é evidente que, ano após ano, as instituições financeiras conseguem aumentar seus lucros acima das demais empresas com fins lucrativos, mesmo em meio a crises financeiras pelas quais o Brasil passou. Isso ocorre, em grande parte, devido à prática da capitalização de juros, que contribui significativamente para esses lucros elevados, colocando o consumidor bancário em desvantagem e contrariando a proteção prevista na legislação.

Diante disso, na presente obra, buscou-se entender se os precedentes do Superior Tribunal de Justiça, em sede de capitalização de juros, garantem proteção jurídica para os consumidores bancários em relação às taxas de juros praticadas no mercado de crédito ou para as instituições financeiras.

As normas consumeristas têm por vetor a proteção do consumidor, uma vez que isso é direito fundamental, inscrito na constituição federal (art.5º, XXXII da CF). Dessa forma, regem as relações de consumo que se dão entre o fornecedor e consumidor. De seu turno, a figura do precedente judicial tem por finalidade garantir segurança jurídica, sobretudo ao consumidor, quando a tese vinculante se basear na norma consumerista. Logo, os precedentes judiciais bancários formados pelo Superior Tribunal de Justiça devem ser favoráveis à proteção do consumidor não podendo acarretar ônus financeiros excessivos decorrentes do aumento da taxa de juros.

Primeiramente, observa-se o fortalecimento dos precedentes judiciais no Brasil, pois essa questão decorre da ideia de que tanto o Código de Processo Civil quanto o CDC, na prática, concorrem para evitar a insegurança jurídica e uma falta de previsão nas decisões judiciais para diferentes pessoas, cujos casos são idênticos.

Dessa forma, aborda-se, nesta obra, os impactos jurídicos derivados dos precedentes bancários do Superior Tribunal de Justiça, no que diz respeito à capitalização de juros em contratos bancários.

Assim o protagonismo dos precedentes, como já dito, será destaque no que diz respeito aos sistemas de direito processual civil e do direito consumerista. Será discutida a capitalização de juros, distinguindo entre juros compensatórios e moratórios, capitalização de juros e os precedentes qualificados do Superior Tribunal de Justiça sobre capitalização de juros, analisando-se a evolução da taxa média de juros.

Quanto à evolução da taxa média de juros, será analisada apenas a relativa às operações de crédito às pessoas físicas, ou seja, crédito pessoal não consignado, calculado pelo Banco Central do Brasil. Dessa forma, não se incluem aqui as taxas de juros referentes ao Sistema Financeiro de Habitação (SFH), ao Sistema Financeiro Imobiliário (SFI), à cédula de crédito rural (DL 167/67), à cédula de crédito industrial (DL 413/69) nem à taxa de juros relacionado ao Fundo de Financiamento ao Estudante do Ensino Superior (FIES).

Para a realização do estudo que redundou na presente obra, buscou-se dados públicos contidos no site do Superior Tribunal de Justiça, bem como no do Banco Central do Brasil.

A proteção do consumidor tem status de direito fundamental (art.5º, XXXII da CF) além de ter sua observância obrigatória em relação à ordem econômica (art.170, V, da CF). As normas consumeristas não visam impedir a livre iniciativa, mas buscam, tão somente, salvaguardar os direitos mínimos dos consumidores frente às operações contratuais, em especial com as instituições financeiras.

Apesar das disposições voltadas à proteção do consumidor, é evidente que, ano após ano, as instituições financeiras conseguem aumentar seus lucros acima das demais empresas com fins lucrativos, mesmo em meio a crises financeiras pelas quais o Brasil passou. Isso ocorre, em grande parte, devido à prática da capitalização de juros, que contribui significativamente para esses lucros elevados, colocando o consumidor bancário em desvantagem e contrariando a proteção prevista na legislação.

Diante disso, na presente obra, buscou-se entender se os precedentes do Superior Tribunal de Justiça, em sede de capitalização de juros, garantem proteção jurídica para os consumidores bancários em relação às taxas de juros praticadas no mercado de crédito ou para as instituições financeiras.

As normas consumeristas têm por vetor a proteção do consumidor, uma vez que isso é direito fundamental, inscrito na constituição federal (art.5º, XXXII da CF). Dessa forma, regem as relações de consumo que se dão entre o fornecedor e consumidor. De seu turno, a figura do precedente judicial tem por finalidade garantir segurança jurídica, sobretudo ao consumidor, quando a tese vinculante se basear na norma consumerista. Logo, os precedentes judiciais bancários formados pelo Superior Tribunal de Justiça devem ser favoráveis à proteção do consumidor não podendo acarretar ônus financeiros excessivos decorrentes do aumento da taxa de juros.

Primeiramente, observa-se o fortalecimento dos precedentes judiciais no Brasil, pois essa questão decorre da ideia de que tanto o Código de Processo Civil quanto o CDC, na prática, concorrem para evitar a insegurança jurídica e uma falta de previsão nas decisões judiciais para diferentes pessoas, cujos casos são idênticos.

Dessa forma, aborda-se, nesta obra, os impactos jurídicos derivados dos precedentes bancários do Superior Tribunal de Justiça, no que diz respeito à capitalização de juros em contratos bancários.

Assim o protagonismo dos precedentes, como já dito, será destaque no que diz respeito aos sistemas de direito processual civil e do direito consumerista. Será discutida a capitalização de juros, distinguindo entre juros compensatórios e moratórios, capitalização de juros e os precedentes qualificados do Superior Tribunal de Justiça sobre capitalização de juros, analisando-se a evolução da taxa média de juros.

Quanto à evolução da taxa média de juros, será analisada apenas a relativa às operações de crédito às pessoas físicas, ou seja, crédito pessoal não consignado, calculado pelo Banco Central do Brasil. Dessa forma, não se incluem aqui as taxas de juros referentes ao Sistema Financeiro de Habitação (SFH), ao Sistema Financeiro Imobiliário (SFI), à cédula de crédito rural (DL 167/67), à cédula de crédito industrial (DL 413/69) nem à taxa de juros relacionado ao Fundo de Financiamento ao Estudante do Ensino Superior (FIES).

Para a realização do estudo que redundou na presente obra, buscou-se dados públicos contidos no site do Superior Tribunal de Justiça, bem como no do Banco Central do Brasil.

A ORIGEM DOS PRECEDENTES

A humanidade já passou por períodos sombrios, nos quais o espírito nefasto do detentor do poder assolou todos os direitos civis das pessoas, pois basta citar as atrocidades cometidas pelos nazistas em território alemão, bem como os horrores cometidos nos chamados territórios Gulags na antiga União Soviética.

O Brasil também já provou ares de exceção, durante os vinte e um anos da ditadura militar que se instalou em solo brasileiro. Tudo isso aconteceu de encontro à garantia de direitos e valores mínimos dedicados ao ser humano, por isso, há necessidade de se garantir, efetivamente, os direitos do cidadão contra um estado despótico e contra o abuso do poder econômico, e isso se dá por meio da Constituição e das leis infraconstitucionais, porque eles são o instrumento de garantia de que os direitos das pessoas devem ser respeitados.

Os sistemas do civil law e do common law influenciaram os sistemas jurídicos ocidentais sendo, notadamente, o direito inglês o maior vetor do common law. Neste sistema, a força obrigatória dos precedentes se destaca e soa como um exemplo a ser seguido pelas demais democracias que almejam a pacificação social entre seus cidadãos.

De acordo com Bona (2007), o civil law teve como marco temporal o século XI, na Itália, por meio da chamada escola de glosadores. Afirma-se que seu início se deu em Roma, com a compilação de Justiniano.

Ainda, nas palavras do autor acima, fica demonstrado que o fortalecimento da civil law só ocorreu no século XII e XIII, no período do Renascimento da Europa Ocidental, vindo a ter destaque com os estudos elaborados pelas Universidades, como a de Bologna. É importante ressaltar que logo após esse advento, no século XVIII, na França, o poder judiciário não podia interpretar a lei. Quanto à aplicação da lei, o juiz agia de forma cega ao caso e, em caso de ausência dela, declarava inexistente o direito. Daí o surgimento da expressão "la bouche du juge de la loi" (juiz boca da lei).

No entanto, após o surgimento dessa expressão, o Código Napoleônico foi considerado um marco inicial das codificações, pois os códigos eram definidos como: livros de normas jurídicas organizados segundo um sistema em que se consolidaram os ideais da Revolução Francesa, como as garantias individuais em relação ao estado, assim como a proteção da propriedade. Portanto, na história, pode-se destacar que a Civil Law, também denominada de romano-germânica, é carreada de diversos elementos que tiveram origens e desenvolvimento em diferentes períodos históricos. Dessa forma, a civil law sofreu variadas transformações, pois elas foram essenciais ao mundo jurídico, desde sua criação até os dias atuais. (Macêdo, 2017, p.34).

ANÁLISE DA COMMON LAW

Afirma-se que a Common Law é originária de regras não escritas, em que:

> Foram criadas por julgadores ingleses e desenvolvidas ao longo do tempo de origem inglesa, foi elaborado com base no direito costumeiro e atualmente baseado em decisões judiciais, sendo considerado um sistema contínuo, pois evoluiu historicamente com certo grau de constância. (Venosa, 2003, p.77)

Isso quer dizer que, depois da origem da common law, as regras foram embasadas no dia a dia, em costumes, vindo a crescer com o passar do tempo e assim trazendo evolução no meio jurídico de acordo com costume local, pois tem o significado de direito comum. Sendo, que nasceu nas Cortes Inglesas entre os séculos X e XI.

As decisões judiciais não precisam ser estáticas, essa é a primorosa lição de Oliver Holmes (2013, p.12):

> Novamente, o processo que descrevi envolveu a tentativa de seguir precedentes, bem como dar uma boa razão para eles. Quando descobrimos que em grandes e importantes ramos da lei os vários fundamentos da política nos quais as várias regras foram justificadas são invenções posteriores para explicar o que são, de fato, sobrevivências de tempos mais primitivos, temos o direito de reconsiderar as razões populares e, tendo uma visão mais ampla do campo, decidir novamente se essas razões são satisfatórias. Elas podem ser, não obstante a maneira como aparecem. Se a verdade não fosse frequentemente sugerida pelo erro, se os velhos implementos não pudessem ser ajustados a novos usos, o progresso humano seria lento. Mas o escrutínio e a revisão são justificados.

No pensamento de Macêdo se destaca:

> Que a convivência de dois grupos étnicos com costumes distintos começou a gerar certo grau de incerteza, mas devido a principal fonte do direito serem os costumes locais, sobreveio a crise no sistema jurídico gerando a centralização e especialização, culminando na sedimentação, onde se estabeleceu os juízes, órgão de grande valor para a formação do Commom Law. (Macêdo, 2017, p.120)

Ainda segundo o autor, o sistema common law foi construído a partir da atividade jurisprudencial. Isto se deu em consequência da ausência de precedentes e a lentidão processual, pois tornariam ineficazes as sugestões apresentadas pelo novo regime, culminando chamado de equity, um sistema adversário ao common law.

A Common Law tem as seguintes características marcantes:

> Que a tradição Common Law tem como características marcantes: a inexistência de doutrina rígida de tripartição de poderes, a função e o valor dos juízes e dos legisladores, as fontes do direito, a configuração do direito como a atividade prática e consequente caracterização do ensino jurídico e da doutrina, a preocupação reduzida com categorias legais e questões mais abstratas e o raciocínio jurídico, assim como a divisão entre o processo e direito material; a jurisdição única e o Judicial Review. (Macêdo, 2017, p. 5).

Portanto, para Macêdo (2017), o sistema Common Law fora formado baseado na relevância dos julgados e na importância de que decisões deveriam ser seguidas para a certeza e a continuidade do direito. Então, este foi regido com base na formação da decisão judicial com arrimo em precedente da mesma natureza.

OS SISTEMAS COMMON LAW E CIVIL LAW NO DIREITO BRASILEIRO

Para Chaves (2019), as tradições jurídicas ocidentais têm por escopo oferecer justiça e segurança jurídica, apesar das suas diferenças estruturais. Sendo que tanto um sistema quanto o outro sofrem uma convergência devido à globalização, no sentido de uma permissão maior e mais fácil acesso às informações. Sendo que essa questão da convergência possibilita a incorporação de institutos jurídicos e o intercâmbio entre os juristas. Isso causa uma aproximação dos sistemas jurídicos, sendo que as duas tradições jurídicas evoluíram muito e, com isso, há o movimento de harmonização.

Já na afirmação de Marinoni (2016), faz-se uma análise no sentido de que:

> Mesmo em países com sistemas Common Law, o direito jurisprudencial puro é algo raro, pois muito do direito jurisprudencial toma forma de interpretações explicativas da lei, e mesmo com a interpretação da lei tem que se adquirir estabilidade. (Marinoni, 2016, p.81).

Contudo, ainda na visão de Marinoni (2016), pode-se fazer um destaque ao papel do juiz no atual Civil Law, pois tem o dever de controlar a constitucionalidade da lei no caso concreto. Sendo que, neste modelo, foi instituída a tese de que segurança jurídica facilitou a forma da lei ser aplicada, subordinando o juiz à aplicação desta, pouco importando o respeito aos precedentes (p.81).

Na assertiva de Marinoni (2016), faz-se uma análise da questão da interpretação da lei, bem como os casos análogos. Sendo que se fez necessário a uniformização da jurisprudência para garantir a isonomia e a previsibilidade, vindo a estabelecer o dever judicial ao respeito aos precedentes.

No entanto, fora atribuído ao Judiciário a competência para as relações estatais, bem como as civis. Porém, ocorre uma separação entre justiça comum e a administrativa, pertencente à estruturação do executivo, pois foi fundada na tripartição dos poderes de forma mais rígida.

Macêdo faz um destaque ao Poder Judiciário e afirma que:

> Tudo isso é somado à estrutura centralizada do Judiciário brasileiro e à existência de mecanismos que atribuem paulatinamente maior força aos precedentes judiciais, o que faz crescer a disparidade entre o direito brasileiro e as características tradicionais do civil law." (Macêdo, 2017, p.67)

Em todo caso, o Brasil fortalece, ainda que de forma tímida, a questão dos precedentes judiciais para evitar a insegurança jurídica e uma falta de previsão nas decisões judiciais para diferentes casos, mas que são casos idênticos.

Na assertiva de Chaves (2019), faz-se uma análise embasada no sistema jurídico assegurando que, para alguns doutrinadores, há a aproximação do sistema jurídico brasileiro ao da common law. Logo, isto é considerado como justificativa pela necessidade de criação de novos mecanismos, qualificados a modificar a legislação para garantir a celeridade e efetividade da justiça, dentre eles, o precedente judicial.

Uma norma jurídica e um precedente judicial são conceitos fundamentais no campo do direito e eles desempenham papéis distintos, mas ambos são essenciais para a compreensão e a aplicação das leis em um sistema legal. A norma jurídica é uma regra ou princípio estabelecido por uma autoridade competente dentro de um sistema legal. Ela define os direitos e deveres dos indivíduos e das instituições, bem como as consequências jurídicas que decorrem do seu não cumprimento.

As normas jurídicas podem ser encontradas em diferentes fontes do direito, como leis escritas, regulamentos, tratados internacionais, jurisprudência e costumes. As normas jurídicas são formuladas para regular a conduta humana e fornecem diretrizes para a tomada de decisões legais. Elas podem ser divididas em várias categorias, como normas constitucionais, normas civis, normas penais, normas administrativas, entre outras.

O ilustre autor Bueno (2017) menciona:

> Que o processo civil brasileiro não precisa de migração e/ou aproximação para o sistema Cammon Law para maior efetividade do processo civil, mas faz jus a necessidade da criação de condições legítimas para aplicação adequada das decisões proferidas anteriormente aos casos futuros. (Bueno, 2017, capítulo 16: 2).

O autor afirma que não se anima para mudanças realizadas no direito civil brasileiro e que o direito brasileiro não necessita migrar para o common law para se ter um direito processual civil mais efetivo, pois o que se busca é maior estabilidade, integridade e coerência na jurisprudência dos Tribunais brasileiros. E mais, caso haja a adoção da common law nos casos concretos, que tenha a maior isonomia.

No ponto de vista de Bueno (2017), fazem-se necessárias condições legítimas para uma aplicação de decisões adequadas e proferidas em casos bem julgados antecedentes a casos futuros, pois não há razões objetivas de alteração do que foi julgado.

Bruno Fuga assim ensina:

> Importante também ter em mente que, na tradição do common law, o precedente é elaborado pelas circunstâncias que embasam a controvérsia e a sua ratio decidendi, o precedente é considerado, assim, como fonte do Direito. No common law a confiança e credibilidade de respeito e estudo dos precedentes é endêmica e cultural, pois os alunos foram treinados para este fim. (Fuga, 2020, p. 8-9).

Na visão de Ramos (2013), desde o surgimento do sistema Civil Law, ou seja, a lei era considerada como fonte principal do direito com o papel de formular leis claras, objetivas e universais, assim como para servir de soluções possíveis para os conflitos humanos, pois não restaria espaço para interpretação dos juízes. Então, fica demonstrado que, desde sempre, nesse sistema, já se fazia a busca pela segurança jurídica exclusivamente nos textos das leis.

Afirma o autor que, desde o surgimento do sistema common law, o seu desenvolvimento se deu de forma contínua e gradativa. Sendo considerado produto de uma longa evolução no judiciário.

Para Ramos (2013), a tradição Common Law se caracteriza pelo direito costumeiro, bem como a obrigatoriedade aos precedentes. Contudo, o Brasil, utilizador desse sistema sofre com o excesso de divergência jurisprudencial, ocorrendo até mesmo falta de segurança jurídica à sociedade.

Portanto, é visivelmente claro uma dada mutação dos sistemas jurídicos em uma forma híbrida, pois tanto o Civil Law quanto o Common Law fazem uma exploração, assim como complementação do uso um do outro sem nenhum tipo de mudança.

FINALIDADE DOS PRECEDENTES

No Brasil, com o advento do novo Código de Processo Civil, cuja principal diretriz é tornar os julgamentos mais céleres, mas, sobretudo, manter a estabilidade das decisões judiciais em todo o território nacional, deu-se força legislativa à figura dos precedentes, cuja finalidade é assegurar a igualdade e a segurança jurídica.

Desde a concepção de Montesquieu, a separação dos poderes reflete a expectativa de cada cidadão na segurança jurídica que o Estado deve conceder a ele para que suas atitudes e atividades tenham um mínimo de previsibilidade jurídica decorrente de suas decisões. No entanto, é comum que as pessoas questionem diversas decisões judiciais díspares em relação a casos idênticos. Ora, se a lei é igual para todos, por que ocorrem essas situações?

Na verdade, o problema não está na lei em si, mas na aplicação dela, sendo certo que o direito é incompatível com arbitrariedades. Dessa aplicação, sob o manto do livre convencimento judicial motivado, decorre a distorção apontada acima. A partir dessa situação, viu-se que apenas a existência da lei não era o suficiente para garantir a estabilidade do direito, uma vez que a aplicação dela ao caso concreto dependia apenas da interpretação de quem a fizesse valer.

É importante ressaltar que os precedentes judiciais podem variar de acordo com o país e o sistema jurídico em questão. Além disso, a jurisprudência está em constante evolução à medida que novos casos são julgados e novas decisões são tomadas.

Conforme ensina Didier (2015, p.468):

> Não se pode admitir como isonômica a postura de um órgão do Estado que, diante de uma situação concreta, chega a um determinado

resultado e, diante de outra situação concreta, em tudo semelhante à primeira, chega a solução distinta. Daí a importância de os tribunais promoverem a uniformização da sua jurisprudência, de forma a zelar também por sua estabilidade, integridade e coerência, tal como impõe o art. 926, CPC.

Decisões de tribunais inferiores, diametralmente opostas ao entendimento sólido das cortes superiores geram insegurança jurídica, instabilidade social e descrença no poder judiciário porque as pessoas que buscam o poder judiciário para resolver seus problemas têm na segurança de um precedente que aquele tribunal irá aplicá-lo de forma isonômica àquele problema que serviu de vetor para resolver outro problema anteriormente.

O precedente é uma decisão judicial, é uma norma produzida pelo tribunal advinda de casos concretos que serviram de vetores para aquela decisão. Ou seja, as respostas daqueles casos específicos servirão de base, de fundamento, para as questões futuras que lhe sejam idênticas. Segundo Neves (2016, p.2354):

> A partir do momento em que nosso sistema processual passa a contar com precedentes vinculantes, é imprescindível que as partes, os advogados e os juízes tenham fácil acesso a eles. Tal ciência servirá aos advogados para otimizar a orientação jurídica às partes diante de um conflito de interesses, no sentido de favorecer a solução consensual dos conflitos, e para os juízes a ciência é indispensável para que possam respeitar a eficácia vinculante dos precedentes, já que sem conhece-los não poderão aplica-los no caso concreto.

No sistema jurídico brasileiro, de influência romano-germânica, a figura dos precedentes judiciais assume o papel de garantir a segurança jurídica das relações, mantendo-se estável pois quem cria o direito é a lei, por meio do legislador. O sistema jurídico brasileiro é dotado de muita produção legislativa, mas isso não é motivo de se excluir um sistema de precedentes. O precedente (manifestação do poder judiciário) disciplina a forma correta de incidência da norma jurídica ao caso concreto. Na verdade, o precedente é interpretação, materialização, do direito e não a criação do direito.

Para Marinoni (2016, p.33):

> A circunstância de o precedente ser admitido como fonte de direito está muito longe de constituir um indício de que o juiz cria o direito. A admissão do precedente como fonte de direito ou a força obrigatória do precedente não significa que o judiciário tem o poder de criar o direito.

O uso de precedentes tem a finalidade de garantir a segurança jurídica e, sobretudo, dar uniformidade à aplicação do direito por meio do poder judiciário, evitando-se as diversas formas de se interpretar a mesma norma jurídica. Nesse sentido, a previsibilidade é um valor moral. A adoção desse sistema decorre da necessidade de um sistema jurídico-processual imparcial, independentemente de quem sejam as partes e de quem os julga.

Pode-se dizer que, no caso brasileiro, o precedente é uma maneira (forma) de se aplicar a lei ao caso concreto. As discussões anteriores ao precedente evitam que o mesmo tema seja abordado diversas vezes em mais discussões repetitivas. Além disso, o precedente serve de desestímulo à litigância sem fundamento, às aventuras jurídicas tão combatidas na atualidade.

Subjacente à existência do precedente, está contida a existência de vários processos anteriores que discutiram o mesmo assunto, às vezes, durante anos naquele tribunal.

Por imposição expressa do CPC/2015, constituem precedentes (art. 927):

> As decisões do Supremo Tribunal Federal em controle concentrado de constitucionalidade; os enunciados de súmula vinculante; os acórdãos em incidente de assunção de competência ou de resolução

de demandas repetitivas e em julgamento de recursos extraordinário e especial repetitivos; os enunciados das súmulas do Supremo Tribunal Federal em matéria constitucional e do Superior Tribunal de Justiça em matéria infraconstitucional; a orientação do plenário ou do órgão especial aos quais estiverem vinculados.

Nesse entendimento, pode-se afirmar que, por meio do Código de Processo Civil 2015, há uma imposição para o uso de precedentes para marcar decisões em recursos variados, pois daí a importância da matéria de constitucionalidade tanto do Supremo Tribunal Federal quanto do Tribunal de Justiça.

Para Daniel Mitidiero (2022):

> Nada pode ser mais injusto que tratar casos iguais de forma desigual perante a mesma ordem jurídica em um mesmo espaço de tempo. Se os compromissos históricos do direito brasileiro são capazes de explicar as razões pelas quais se chegou a achar normal esse despropósito, fazendo com que fechássemos os olhos para essa gritante injustiça, é preciso que se percebam esses compromissos a fim de desconstituí-los - para que se possa então construir um novo direito e um novo processo civil. (Mitidiero, 2022, p.18).

Marinoni defende a importância dos precedentes judiciais como fonte de estabilidade e previsibilidade no sistema jurídico. Ele argumenta que os precedentes devem ser tratados como normas vinculantes, com a finalidade de garantir uma aplicação uniforme do direito e evitar decisões contraditórias. Para ele, é fantasioso supor que o stare decisis existe em decorrência da inação do legislativo (2016, p.11).

Sem sombra de dúvidas, uma das principais contribuições de Marinoni é o desenvolvimento da teoria dos precedentes segundo a qual nem todos os precedentes têm o mesmo peso e autoridade. Marinoni propõe uma classificação dos precedentes em três categorias: vinculantes, persuasivos e meramente informativos.

Os precedentes vinculantes são aqueles que devem ser seguidos obrigatoriamente pelos tribunais inferiores, enquanto os preceitos persuasivos são aqueles que não possuem efeito vinculante, mas podem ser usados como argumento persuasivo para decisões fundamentais. Já os precedentes meramente informativos não possuem valor persuasivo e servem apenas para fornecer informações sobre casos anteriores. Marinoni (2016, p.89) assim afirma:

> O sistema em que a eficácia das decisões é absolutamente vinculante proíbe o juiz de decidir de forma contrária ao tribunal que lhe é superior, assim como proíbe o órgão jurisdicional de negar o que já decidiu. É claro que o fato de a decisão ser absolutamente vinculante não impede o juiz de fazer o distinguished do caso que lhe é submetido, ou seja, de evidenciar que a questão posta para julgamento diferente ou que os fatos da causa que está para ser julgada tornam a questão de direito distinta da já decidida. O que caracteriza a eficácia absolutamente vinculante é a circunstância de a Corte Suprema não poder revogar o precedente, ainda que tenha bons fundamentos para não respeitá-lo. Trata-se, aproximadamente, do sistema inglês da Câmara dos Lordes da primeira metade do século passado. Em 1966, a House of Lords declarou, mediante Practice Statement, que, diante de certas circunstâncias, poderia revogar (realizar o overruling) as suas próprias decisões. O Statement de 1966 afirmou que a House of Lords poderia decidir de forma diferente das suas anteriores manifestações quando isto lhe parecesse correto (depart from a previous decision when it appears night to do so). Antes disso, a House estava absolutamente vinculada às suas prévias decisões, ainda que estivesse convicta de que em determinados casos, ao reiterá-las, estaria perpetuando uma decisão injusta. Note-se que

o Statement mencionado, ao justificar a possibilidade de overruling, assim afirmou: "Os Lordships consideram o uso do precedente uma base indispensável para decidir o que é o direito e para aplicá-lo aos casos concretos. Fornece um grau mínimo de certeza perante o qual os indivíduos podem pautar suas condutas, bem como uma base para o desenvolvimento ordenado de regras jurídicas. Os Lordships, não obstante, reconhecem que uma aderência muito rígida aos precedentes pode levar à injustiça em um caso concreto e também restringir excessivamente o devido desenvolvimento do direito. Eles propõem, portanto, modificar a presente prática e, embora tratando as antigas decisões como normalmente vinculantes, deixar de lado uma decisão anterior quando parecer correto fazê-lo".

Há que se mencionar sobre a figura das súmulas, na realidade, enunciados de súmulas hoje incorporadas e bastante utilizadas nos meios jurídicos brasileiros.

Marinoni (2016, p.37) assim se manifesta:

> Súmulas são o reflexo do Direito com base em sucessivos julgados por um tribunal, a fim de que haja a correta pacificação e harmonização do modo como deve ser aplicado o direito consolidado no enunciado. da súmula. Roberto Rosas (2012, p. 10) sintetiza que a súmula "reflete a jurisprudência de um tribunal ou de uma seção especializada autorizada a emitir a consolidação" do direito posto em julgamento. A vantagem é que o enunciado da súmula mostra o direito aplicável, o que faz a estabilidade do sistema, evitando-se, assim, a insegurança jurídica quanto à aplicação da lei. As súmulas, a partir da EC45/2003, passaram a ser vinculantes, em novel categoria, as quais efetivamente vinculam não apenas o Poder Judiciário, mas submetem a seu jugo toda e qualquer decisão, inclusive as de natureza administrativa.

Com o advento do código de processo civil de 2015, o artigo 927 ganhou relevante destaque entre os aplicadores do direito por trazer, expressamente, a figura dos precedentes no direito positivo brasileiro.

Aquele dispositivo legal trata dos chamados precedentes vinculantes em que as instâncias inferiores devem seguir a determinação das cortes superiores acerca daquele assunto objeto de apreciação judicial. Apesar da posição em contrário de Marinoni, os TJ's e os TRF's, criam seus precedentes por meio do novíssimo IRDR (incidente de resolução de demandas repetitivas), conforme assevera Neves (2016, p.2503):

> Além da eficácia vinculante para processos judiciais, a criação do precedente no julgamento do IRDR gera outra importante consequência. Nos termos do § 2o do art. 985 do Novo CPC, tendo o incidente como objeto questão relativa a prestação de serviço concedido, permitido ou autorizado, o resultado do julgamento será comunicado ao órgão, ao ente ou à agência reguladora competente para fiscalização da efetiva aplicação, por parte dos entes sujeitos a regulação, da tese adotada. Trata-se de importante norma porque o respeito aos precedentes vinculantes pelos prestadores de serviços pode servir como importante fator de diminuição no número de processos.

Além dele, o CPC remete à observância dos precedentes em outros dispositivos. Trata-se de microssistema de precedentes inaugurado pelo CPC/2015, cuja principal finalidade é responder aos anseios dos jurisdicionados de forma mais célere, íntegra, segura e coesa.

Conforme se pode observar, as súmulas do Superior Tribunal de Justiça e os acórdãos proferidos em julgamento de recursos especiais repetitivos se consubstanciam em precedentes, decorrente de previsão legal. Portanto, as súmulas e os temas adotados pelo STJ só podem ser deixados de sere aplicados se houver legislação em sentido inverso, no caso de distinguish e overruling.

Tome-se como exemplo da súmula 306 do STJ que preconiza que "os honorários advocatícios devem ser compensados quando houver sucumbência recíproca, assegurado o direito autônomo do advogado à execução do saldo sem excluir a legitimidade da própria parte". Na expressa dicção do "art. 84, §14 do código de processo civil, os honorários constituem direito do advogado e têm natureza alimentar, com os mesmos privilégios dos créditos oriundos da legislação do trabalho, sendo vedada a compensação em caso de sucumbência parcial". Dessa forma, resta revogada a súmula 306 do STJ por ela estar em total dissonância com o novo regramento legal sobre a verba honorária. (Brasil, 2015).

Em tradução livre, considera-se distinguish e overruling a distinção e a superação (respectivamente) daquele precedente usado como causa de pedir naquele caso em apreço. São formas de se deixar de aplicar um precedente em razão de que aquele precedente invocado pela parte não se aplica ao caso ou porque os fundamentos que sustentavam o precedente deixaram de subsistir. É o caso, por exemplo, do conflito entre um precedente e uma disposição legal, no qual deverá prevalecer a lei porque, no Brasil, em razão da civil law, os precedentes são baseados na lei, os quais apresentam as seguintes vantagens:

a) Consistência e previsibilidade: O precedente judicial ajuda a promover a consistência e a previsibilidade nas decisões judiciais. Quando os tribunais seguem precedentes estabelecidos em casos anteriores, isso cria um senso de uniformidade e torna mais fácil para as partes envolvidas no litígio preverem os resultados possíveis.

b) Eficiência do sistema jurídico: O uso de precedentes torna o sistema jurídico mais eficiente. Dessa forma, os tribunais podem se basear em decisões anteriores para orientar sua análise. Isso reduz a necessidade de reexaminar questões legais já resolvidas e permite que os tribunais se concentrem em casos novos e complexos.

c) Desenvolvimento do direito: O precedente judicial contribui para o desenvolvimento contínuo do direito. À medida que os tribunais decidem casos e estabelecem precedentes, eles criam uma base de conhecimento jurídico que é usada para resolver futuros litígios. Esse processo permite que o direito evolua e se adapte às mudanças sociais, econômicas e tecnológicas.

d) Proteção dos direitos fundamentais: O precedente judicial desempenha um papel fundamental na proteção dos direitos e liberdades individuais. Decisões judiciais anteriores podem estabelecer padrões e princípios que salvaguardam os direitos constitucionais e as liberdades fundamentais. Esses precedentes servem como garantias para a proteção de direitos em casos futuros.

e) Igualdade perante a lei: O precedente judicial promove a igualdade perante a lei. Quando os tribunais seguem precedentes, eles aplicam as mesmas regras e princípios legais a casos semelhantes. Isso ajuda a evitar tratamentos arbitrários e favorecimentos, garantindo que as pessoas sejam tratadas de forma justa e igual perante o sistema jurídico.

Oriundo do direito anglo-saxão, a figura dos precedentes está sendo incorporada paulatinamente ao sistema processual civil brasileiro a fim de dar maior segurança jurídica aos pleitos dos jurisdicionados, uma vez que estes saberão que seu caso se enquadra em alguma das decisões decorrentes da estabilidade das decisões judiciais em suas mais variadas instituições.

O precedente possui um objetivo processual racional: ele evita que as decisões sejam tomadas ao bel-prazer das convicções pessoais dos julgadores. Ou seja, os precedentes visam retirar a carga de subjetividade das decisões judiciais, tão perigosas à aplicação da justiça. Não que isso retire da figura do magistrado o livre convencimento decorrente da análise da prova e do caso concreto, mas servem-lhe de vetor para a tomada da decisão coerente com as decisões dos tribunais.

Tem-se a segurança jurídica como norte, como fim dos precedentes. Marinoni (2016, p.5) assim se posiciona:

> A segurança jurídica, vista como estabilidade e continuidade da ordem jurídica e previsibilidade das consequências jurídicas de determinada conduta, é indispensável para a conformação

> de um Estado que pretenda ser "Estado de Direito". Embora as Constituições, em geral, e Cartas de direitos humanos fundamentais -como, por exemplo, a Declaração dos Direitos Humanos da ONU e a Convenção Americana de São José da Costa Rica - não aludam a um direito à segurança jurídica, o constitucionalismo dos nossos dias é consciente de que um Estado de Direito é dela indissociável. A doutrina considera a segurança jurídica como expressão do Estado de Direito, conferindo àquela a condição de subprincípio concretizador do princípio fundamental e estruturante do Estado de Direito.

Em 2004, por meio da chamada reforma do judiciário, surgiu, de forma constitucionalmente positivada, a súmula vinculante. O primeiro precedente, que pode tanto ser constituído em razão do controle concentrado de constitucionalidade quanto pelo controle difuso. Marinoni assim manifesta (2016, p.42):

Com o surgimento das súmulas vinculantes, instituto do direito processual civil que tem recebido severas críticas, sob o pálio de que se trata de "engessamento" do direito, a vinculação ao entendimento aos enunciados dessas sumulas do Supremo tende a agilizar a solução de litígios com idêntica base fática e jurídica, além de trazer estabilidade jurídica às relações sociais, o que se traduz, também, na sempre desejável estabilidade das relações contratuais, por exemplo. Trata-se, assim, "de causas repetitivas, onde, embora diversos as partes e seus patronos, a lide jurídica é sempre a mesma" (ROSAS, 2012, p. 11). Nessas hipóteses, em especial de contratos padronizados, como soem ser os contratos das instituições financeiras, não poderá haver entendimentos diversos sobre a mesma relação jurídica, daí a justificativa da vinculação a enunciado de súmula. As súmulas vinculantes condensam a interpretação dominante daquele tribunal referente ao texto da Constituição federal. São apenas duas aquelas que se inserem no Direito Bancário, uma afastando a injustificável limitação dos juros remuneratórios em 12% ao ano e a outra afastando a prisão civil por dívida.

A partir do ano de 2015, com a promulgação do vigente código de processo civil, foi-se dando força normativa infraconstitucional para a aplicação dos precedentes que, diferentemente do direito americano, no Brasil, decorrem da lei e têm aplicação decorrente das relações de massa, uma vez que essas decisões ultrapassam os limites da causa que originou o precedente. O grande problema da judicialização das demandas (sobretudo, as decorrentes das relações de consumo) é a resposta diferente para casos semelhantes e, dessa forma, a figura do precedente judicial veio para dar segurança jurídica às relações havidas entre as pessoas.

> Com o surgimento das súmulas vinculantes, instituto do direito processual civil que tem recebido severas críticas, sob o pálio de que se trata de "engessamento" do direito, a vinculação ao entendimento aos enunciados dessas sumulas do Supremo tende a agilizar a solução de litígios com idêntica base fática e jurídica, além de trazer estabilidade jurídica às relações sociais, o que se traduz, também, na sempre desejável estabilidade das relações contratuais, por exemplo. Trata-se, assim, "de causas repetitivas, onde, embora diversos as partes e seus patronos, a lide jurídica é sempre a mesma" (ROSAS, 2012, p. 11). Nessas hipóteses, em especial de contratos padronizados, como soem ser os contratos das instituições financeiras, não poderá haver entendimentos diversos sobre a mesma relação jurídica, daí a justificativa da vinculação a enunciado de súmula. As súmulas vinculantes condensam a interpretação dominante daquele tribunal referente ao texto da Constituição federal. São apenas duas aquelas que se inserem no Direito Bancário, uma afastando a injustificável limitação dos juros remuneratórios em 12% ao ano e a outra afastando a prisão civil por dívida.

A partir do ano de 2015, com a promulgação do vigente código de processo civil, foi-se dando força normativa infraconstitucional para a aplicação dos precedentes que, diferentemente do direito americano, no Brasil, decorrem da lei e têm aplicação decorrente das relações de massa, uma vez que essas decisões ultrapassam os limites da causa que originou o precedente. O grande problema da judicialização das demandas (sobretudo, as decorrentes das relações de consumo) é a resposta diferente para casos semelhantes e, dessa forma, a figura do precedente judicial veio para dar segurança jurídica às relações havidas entre as pessoas.

Conforme Maccormick (2012, p.191):

> ... se você deve tratar igualmente casos iguais e diferentemente casos distintos, então novos casos que tenham semelhanças relevantes com decisões anteriores devem (prima facie, pelo menos) ser decididos de maneira igual ou análoga aos casos passados.

Em nível infraconstitucional, o Superior Tribunal de Justiça tem a responsabilidade de dar a última palavra quanto à interpretação da legislação federal e manter a coerência de sua jurisprudência sobre os tribunais que lhe são inferiores. Seus precedentes, por força do art.927 do código de processo civil, são vinculantes em relação às cortes inferiores. Diga-se, causas únicas, que não ultrapassam os interesses das partes envolvidas no processo, não têm o condão de criar um precedente e, em raras situações, chegam ao Superior Tribunal de Justiça por meio de recurso especial.

Os precedentes qualificados surgiram com a finalidade de dar segurança jurídica às relações havidas entre as pessoas, evitando que as cortes superiores (e os tribunais de apelação) se debrucem diversas vezes sobre o mesmo assunto, pois os precedentes qualificados servem para a garantia dos princípios da celeridade processual, da isonomia, da eficiência e da segurança jurídica na entrega da prestação jurisdicional.

Antes da entrada em vigor do novo código de processo civil, havia certa confusão entre a jurisprudência e o precedente. Inclusive, o próprio judiciário fazia essa confusão ao utilizar uma jurisprudência isolada como fundamento de solução para casos análogos, embora com desfechos diferentes.

A partir de 2015, com a positivação dos precedentes, houve um melhor direcionamento para a solução das controvérsias judiciais, uma vez que o direito brasileiro tem sua essência no civil law, no direito posto. Nas palavras de Alberto (2019, p.224):

> A figura dos precedentes judiciais, como se pode observar, passou a ganhar notoriedade no ordenamento jurídico brasileiro pela racionalidade na formação das teses jurídicas e também pelo seu efeito prospectivo – conformador de situações jurídicas idênticas, que surjam em momento futuro –, sendo que no estudo que ora se propõe, a sua efetiva utilização subsumir-se-á à adoção de determinada solução para o caso concreto, por meio de um entendimento vocacionado pelo consenso, após a exposição racional dos argumentos que envolvem as interpretações do direito. Esta busca pela racionalidade na formação dos entendimentos jurídicos e vinculatividade de suas teses foi o ponto de partida para o surgimento, no ordenamento jurídico brasileiro, do ideário firmado pela figura dos precedentes judiciais.

Aliado ao império da lei, sobretudo do bom senso, o texto do precedente precisa ser claro ao máximo possível, afastando interpretações dúbias, afastando dúvidas desnecessárias para a resolução da controvérsia jurídica. A leitura do precedente deve estar em consonância com a lei, posto que (no Brasil) o precedente está aliado ao civil law. Conforme Perelman (1996, p.623): "Daí resulta que um texto é claro enquanto todas as interpretações razoáveis que dele se poderiam tirar conduzem à mesma solução".

Na mesma linha defende Maccormick (2009, p. 76): "O legislativo deve necessariamente tornar a lei clara em todos os casos, e deve criar leis em benefício do público na área de indeterminação do direito natural".

O sistema de precedentes é plenamente compatível no civil law na medida em que eles têm a função de retirar a ambiguidade, a complexidade, as anomalias do texto legal. A força do precedente, no caso brasileiro, decorre da lei. Apesar da doutrina distinguir os precedentes entre persuasivos e vinculantes, tal distinção é desnecessária uma vez que a finalidade do precedente é exatamente vincular as instâncias inferiores ao cumprimento da norma que ele prevê. Dessa forma, a vinculação é corolário do precedente.

PRINCÍPIOS CONTRATUAIS

Primeiramente, o direito contratual é permeado por princípios, que nada mais são do que regras gerais, genéricas e abstratas para auxiliar o juiz juridicamente nos casos concretos. Dessa forma, é apontado que autonomia privada consiste no poder que cada indivíduo tem de determinar suas obrigações, direito e deveres, pois cada um pode decidir o que contratar, quando contratar e com quem contratar desde que dentro dos parâmetros legais. (Rizzardo, 2017, p.10) Destaca-se um importante marco referente ao princípio, pois menciona Rizzardo (2017):

> Que com o advento do Código Civil de 2002, esse princípio foi atenuado devido à implantação do princípio da função social. Contudo, a autonomia privada deve estar sempre ligada ao bem comum, da forma que a autonomia da vontade está ligada à liberdade de contratar, que se submete, no entanto a limites e não podendo ofender outros princípios ligados à função social do contrato. (Rizzardo, 2017, p.18)

É importante destacar que, com relação à obrigatoriedade dos contratos, as partes são livres para contratar o que quiserem dentro dos parâmetros legais. Dessa forma, é lógico pensar que o que foi contratado de livre vontade deverá ser cumprido. Assim, tudo o que foi acordado obriga os contratantes naquilo que se obrigou, já que as partes são livres e concordaram anteriormente com as normas contratuais. (Rizzardo, 2017, p.19)

Nesse sentido, Rizzardo (2017, p.22) fala do acordo das vontades, pois, assim que declaradas, tem valor de lei entre os estipulantes, e impõe os mesmos preceitos legais, para não haver a questão de desistência sem o ônus, já que ambas entraram em consenso. Rizzardo (2017) também expressa que essa vontade não é mais aquela que se enquadrava na concepção filosófica da teoria clássica, pois:

> Igualou o contrato à lei, mas é a concepção moderna da autonomia da vontade como expressão social de tudo aquilo que vem inserido na lei, conceito certo de onde se origina a fonte criadora de todos os direitos subjetivos, pelo simples acordo das vontades humanas, quando livremente manifestadas. (Rizzardo, 2017, p.22)

Depois do contrato criado e da aceitação da proposta por meio do contrato assinado, tudo aquilo que for decidido entre as partes gera uma obrigação. Posteriormente, se houver o seu descumprimento, também haverá consequências.

O princípio da função social contrato, inserido no artigo 421 do código civil, dispõe que a liberdade contratual será exercida nos limites da função social do contrato. Mencione-se que a lei da liberdade econômica (lei 13.874/2019) alterou o caput do art. 421 e incluiu o art. 421-A do código civil, mas não revogou a diretiva da função social do contrato.

Segundo Sandri (2011), este princípio decorre da necessidade de controlar a autonomia privada para evitar os exageros que poderiam advir da total liberdade de contratar.

Nessa mesma linha de pensamento, corroboram Galiano e Pamplona Filho (2022, p.435):

> A partir do momento em que o Estado passou a adotar uma postura mais intervencionista, abandonando o ultrapassado papel de mero espectador da ambiência econômica, a função social do contrato ganhou contornos mais específicos.

Assim, por meio de dado contexto fala-se em função social, pois esse princípio veio para impedir que a liberdade de contratar gerasse perdas de direitos considerados individuais e coletivos.

Rizzardo (2017, p. 22) destaca que as cláusulas abusivas em que há predominância a destinação social, nem sempre prevalecem suas estipulações ou as que lesam valores superiores, como o da habitação, o que trata da vida, da saúde, da formação, do respeito, da dignidade, não servindo como garantia cláusulas que usam a integridade do salário, a moradia ou que podem lesar o trabalhador na prestação de serviços em jornada superior a oito horas diárias.

Lopes (2019) faz menção a outro princípio importante chamado de boa-fé objetiva, o qual "veio para ajudar o operador do direito e o juiz a levar em consideração primeiramente as atitudes das partes, durante e após o contrato". Porém, o acordo ocorre com os atos de cada envolvido, havendo o contrato de forma definitiva obedecendo-se os rigores da legislação.

Dentro do princípio da boa-fé objetiva há outros para se trabalhar em conjunto e servem de complemento. Há destaque para princípios como: lealdade, colaboração, informação, proteção e cuidado, segredo e sigilo, que deverão permear todas as relações contratuais.

O princípio da boa-fé não é uma novidade, pelo contrário, surgiu do direito romano:

> A noção de boa-fé (bona fide), ao que consta, foi cunhada primeiramente no direito Romano, embora a conotação que lhe foi dada pelos juristas alemães, receptores da cultura romanista, não fosse exatamente a mesma.
>
> Em Roma, partindo-se de uma acentuada amplitude semântica, pode-se afirmar que: "A fides seria antes um conceito ético do que propriamente uma expressão jurídica da técnica. Sua 'juridicização' só iria ocorrer com o incremento do comércio e o desenvolvimento do

> jus gentium, complexo jurídico aplicável a romanos e a estrangeiros. (Galiano, Filho, 2022, p.444).

Lopes (2019) destaca que, em relação à boa-fé, deverá ser observado, não apenas a intenção de fazer algo, mas também os atos praticados pelas partes dentro do contrato. Esse princípio é uma forma de interpretar o que foi consubstanciado no artigo 422 do Código Civil Brasileiro, pois os contratantes são obrigados a guardar, tanto na conclusão do contrato como em sua execução, os princípios de probidade e boa-fé. Contudo, está relacionado com as peculiaridades próprias de cada relação obrigacional, dos novos deveres, além daquelas que nascem diretamente da vontade das partes.

Falando nos princípios, ainda se faz destaque para o princípio do equilíbrio econômico-financeiro, pois assim como há o dever de agir com boa-fé objetiva para com as demais partes contratuais, é importante verificar o equilíbrio econômico e financeiro entre as partes, que as obrigações equivalentes sejam equivalentes e que os negócios sejam realizados com base na honestidade (Rizzardo, 2017).

Nesse enfoque, sobretudo nas relações de consumo, o princípio do equilíbrio tem a função de materializar igualdade, conforme ensina Almeida (2021, p.288):

> Sendo o consumidor o vulnerável da relação e o fornecedor o detentor do monopólio dos meios de produção, imprescindível foi o surgimento de legislação específica em todo o mundo capaz de tutelar a parte mais fraca dessa relação e, desta forma, materializar uma igualdade que não pode sobreviver apenas no plano formal. Assim, o princípio do equilíbrio foi uma decorrência natural do contexto histórico de desigualdade em que surgiu a necessidade de defesa do consumidor.

É importante destacar a revisão de alguns contratos visando à garantia do respeito ao princípio do equilíbrio econômico financeiro. Seguindo o pensamento da teoria citada, Rizzardo (2017) analisa que é importante analisar tal recurso aplicando juntamente a teoria da imprevisão, segundo a qual o contrato deverá ser revisto pelas partes quando considerado desigual ou desequilibrado econômica e financeiramente, pois se aplica a honestidade nos negócios jurídicos para ambas as partes. Segundo Diniz (2003, p. 11) é necessário que o contrato seja bilateral, com duas partes ou mais, oneroso, o qual envolva valores financeiros, que seja "comutativo, que haja prestações certas e determinadas, prestações de trato sucessivo, no caso, prestações vincendas".

Além de todas essas características, é importante que não haja, também, onerosidade excessiva para uma das partes, que haja uma correspondência entre as vantagens para as partes a fim de que o contrato seja considerado válido.

PRINCÍPIOS QUE NORTEIAM AS RELAÇÕES CONTRATUAIS BANCÁRIAS

Às relações contratuais bancárias são aplicados os princípios gerais comuns, quais sejam: princípio da autonomia privada, princípio da consensualidade, princípio da função social do contrato, princípio da força obrigatória do contrato, princípio da boa-fé objetiva, princípio da relatividade dos efeitos do contrato.

A autonomia privada vem ganhando o lugar da autonomia da vontade em razão de que, na sociedade de consumo atual, há crise de vontade porque: as relações de massa fizeram com que a imposição da vontade do hiperssuficiente se sobressaísse sobre a vontade do consumidor, retirando o mínimo de igualdade existente antigamente; prevalência dos contratos de adesão; dirigismo contratual (em razão da intervenção mínima do Estado para garantir que os direitos dos hipossuficientes sejam respeitados).

O dirigismo contratual vem ao encontro de garantir o que Almeida (2021, p.801) define:

> Segundo os ensinamentos de Sergio Cavalieri Filho, trata o art. 46 do CDC daquilo "que a doutrina tem chamado de cognoscibilidade. Cognoscível é aquilo que é conhecível ou que se pode conhecer. Busca-se com a cognoscibilidade garantir ao consumidor a única oportunidade que tem de fazer boa escolha nos contratos de adesão, uma vez que não pode negociar nem modificar as cláusulas contratuais".
>
> O excesso de expressões técnicas sem a correspondente explicação torna bem evidente uma das modalidades de vulnerabilidade do consumidor, qual seja: a jurídica/científica.

Nelson Abrão (2019, p.436) cita que no contrato de adesão há também combinação realizada com o Código Civil:

> Com efeito, nos contratos em massa, também integrativos da vontade, por serem de adesão, lançou o legislador do atual Código Civil preceitos atrelados à função social e ética do próprio negócio jurídico, dando elevada margem de manobra, no sentido de competir ao juiz encontrar uma solução ao alcance dos cânones estabelecidos.
>
> Reveste-se a plasticidade do elemento classificado como boa-fé obje tiva, nascida da vontade dos contratantes, no propósito de um denominador comum que preveja alternativas relativas às hipóteses que disciplinam as cláusulas e condições do contrato bancário.

Também é necessário diferenciar a liberdade contratual da liberdade de contratar. Esta refere-se à escolha que se faz com quem se quer contratar, ao passo que aquela refere-se à escolha do conteúdo do contrato. O contrato bancário é um contrato de adesão no qual se exerce a liberdade de contratar, mas não se tem liberdade contratual. Dessa forma, o consumidor bancário apenas submete-se às imposições das instituições bancárias.

O equilíbrio contratual é o norte do negócio jurídico, pois, segundo Figueiredo (2019, p.122):

> A equivalência material remete a busca de preservação do equilíbrio de direitos e deveres no contrato, antes, durante e após a sua execução. O escopo é a manutenção de uma justa e equânime equação contratual, seja para manutenção do equilíbrio inicial, seja para corrigir desequilíbrios supervenientes. Sua matriz constitucional é a igualdade substancial (art. 3º, III, da CF/88), objetivando o contrato manter um nível de paridade (trocas úteis e justas).

No mesmo sentido, Abrão corrobora o entendimento equilibrado de forma:

> Substancialmente, a variante do equilíbrio se reporta ao equilíbrio do contrato desde o início e não admite exceções; qualquer elemento comprobatório da lesividade, traduzido na onerosidade e no excesso, deve ser exterminado a ponto de se consagrar a liberdade de contratar assentada no predicado boa-fé objetiva. (Abrão, 2019, p. 445).

O autor vai mais adiante, em relação ao equilíbrio contratual ressalta:

> De forma mais direta e objetiva, o equilíbrio descortina a base essencial do negócio jurídico, no seu aspecto de estandartização. Independentemente de ser contrato de massa, ou estigmatizado de

> adesão, o mais importante E curvar-se à sua ideologia, de modo a traçar seu perfil e encontrar alguma característica nociva à sua consecução. (Abrão, 2019, p. 447).

Contudo, o Código Civil andou bem ao proteger o aderente, não apenas permitindo uma contratação e sua conclusão, sob o aspecto da prestação, mas de levar à resolução por onerosidade excessiva, classificada pelo excesso de vantagem sem contrapartida. O tempo contará de impor uma interpretação quase sumulada ao posicionamento genérico da incidência da relação de consumo nas operações bancárias, haja vista a massa de negócios, a participação da clientela e a posição do consumidor.

Guimarães (2017, p.18) vai além da quebra do equilíbrio contratual e invoca direitos fundamentais a fim de salvaguardar o consumidor bancário:

> Nessas relações jurídicas, por exemplo, nos contratos bancários (banco versus consumidor bancário) há falta de igualdade fática para estabelecer relações privadas justas, uma vez que o mais forte, banco, infringe o princípio da dignidade da pessoa humana (art. 1º, III, CF), do hipossuficiente porque nessas relações se identifica a proeminência de uma das partes sobre a outra, em outro dizer, são relações permeadas pelo poder e pela sujeição e o mais forte impõe cláusulas abusivas.

Os consumidores bancários tomam o crédito através das cédulas de crédito bancário, cuja conceituação de Waisberg (2012, p. 183) assim diz:

> A CCB constitui-se em um instrumento capaz de dar força executiva às referidas operações, além de ser um instrumento ágil e flexível para representar uma operação de crédito. Daí porque sua grande utilização.

No mesmo sentido, ensina Abrão (2019, p.443) que o modo de sentir do jurista Ives Gandra da Silva Martins, com as relações de consumo seriam aplicáveis para efeito de consideração da ordem econômica, ao passo que não se identificariam com a ordem financeira. Uma coisa é a função social do contrato, dentro de seu norte ético; outra, diferente, é a obediência cega aos ditames de sua força vinculante, divisando-se contratos bancários comuns e aqueles de natureza empresarial propriamente dita.

Considerando ser o Código de Defesa do Consumidor uma lei especial (sobretudo principiológica) e o Código Civil uma legislação ordinária, tem-se que, na dimensão proposta, um regeria relativamente matéria de interesse coletivo, enquanto outro, de direito privado. As relações de consumo abrangem tanto aquelas de natureza econômica como as de natureza financeira, priorizando-se, no caso concreto, a adesão, referente aos contratos em massa, daqueles negócios operacionais bancários escolhidos como forma de opção do contratante.

NATUREZA JURÍDICA DOS CONTRATOS BANCÁRIOS

A relação contratual bancária para Almeida (2021, p. 804):

> Tem por base o direito bancário, sendo que este possui ligações estreitas com o direito do consumidor (porque o consumidor bancário é o destinatário final dos produtos bancários notadamente a tomada de crédito perante as instituições bancárias), civil (porque envolve outorga de crédito mediante contrato cuja função social é de observação obrigatória), empresarial (porque as instituições bancárias são regidas pela lei das sociedades anônimas) e administrativo (porque há regulação do BACEN nas atividades bancárias). Pode-se dizer que há uma aplicação múltipla de institutos jurídicos que incidem sobre

o direito bancário, sendo que, dessa forma, existem diversos vetores a tutelar as relações bancárias decorrentes dos contratos celebrados entre consumidor e a instituição bancária.

Para Almeida (2021), os contratos de adesão são a forma mais comum de contrato na relação consumerista. A legislação permite todos os tipos de contratos, seja oral ou escrito, podendo até ser implícito por meio de interações cotidianas. No entanto, é essencial compreender que a essência do contrato de adesão está na produção em larga escala. Nesse sentido, o fornecedor ou fabricante é responsável por produzir um bem ou serviço em grande quantidade, visando lucro por meio de vendas em massa. É o fornecedor quem decide o que será produzido em grande escala e disponibilizado no mercado, limitando, assim, a liberdade do consumidor de escolha. (Almeida, 2021, p.804).

Como já mencionado, os contratos podem ser unilaterais, multilaterais, gratuitos, onerosos, comutativos, aleatórios, típicos, atípicos, principais, acessórios, reais, solenes, não solenes, de adesão. Eles são classificados de acordo com seu objeto, sua finalidade e, sobretudo, as pessoas que os compõem.

O contrato bancário é, essencialmente, um típico contrato de adesão cujas cláusulas são elaboradas unilateralmente pelo banco credor e, nessa toada, a instituição irá impor deveres aos consumidores de forma que somente os interesses do banco serão protegidos. Daí a importância do dirigismo contratual, a fim de que se mantenha o mínimo de garantias em favor do hipossuficiente dado o abismo econômico entre ele e o hiperssuficiente, vez que na seara bancária é explícita a diferença entre liberdade de contratar e liberdade contratual (como já visto anteriormente).

O contrato de adesão, na essência, não se trata de convenção das partes nem de manifestação da sua vontade, mas de submissão do hipossuficiente às regras impostas pelo hiperssuficiente.

Tanto quanto para os demais contratos, para a formação de um contrato de natureza bancária, são necessários: negociações preliminares, proposta e aceitação. Nesse interim, diferencia-se contrato de massa de contrato de adesão pois aquele é em razão da quantidade de operações realizadas diariamente.

Para Almeida (2021, p.806):

> O caput do art. 54 do CDC deixa claro que o contrato de adesão é elaborado "sem que o consumidor possa discutir ou modificar substancialmente seu conteúdo". Daí a necessidade da existência de uma proteção mais efetiva do consumi dor na fase contratual, pois ao vulnerável caberá apenas aderir ou não a um contrato formulário-padrão, em que terá legitimidade apenas de preencher os seus dados pessoais, sem interferir substancialmente no seu conteúdo. A esse respeito, correta é a doutrina de Cavalieri Filho ao ensinar que a "rigor, a principal diferença entre os contratos paritários e os contratos de adesão não está no ato de formação, porque em ambas a aceitação é adesiva". A diferença está na fase pré-contratual. Nos contratos de adesão, não há tratativas, como há nos contratos paritários; não há a possibilidade de influência na formação da proposta, como ocorrem nos demais contratos.

Conforme Almeida (2021, p. 806), apesar de não possuir descrição no código civil ou na legislação esparsa, o contrato bancário sempre terá em uma instituição bancária concedendo o crédito nas relações de massa.

Nesse sentido, Abrão (2019, p.444):

> Ao aderir ao contrato em massa, o cliente toma consciência de sua realidade. No entanto, durante o relacionamento e cumprimento das obrigações surgem dúvidas, inquietudes, intranquilidades, despertando a necessidade de eventual prestação de contas, ou qualquer outro tipo de procedi mento no escopo de evitar a lesividade e favorecer a regra do equilíbrio. Efetivamente, consolidado o princípio

> do Código Civil com a circunstância presente da relação de consumo, não se admite que o contrato desenvolva especificamente variante em detrimento do cliente e que robusteça o lucro excessivo da instituição financeira. A logicidade com o bom senso sempre recomendam um tempo de maturação destinado à ocorrência, de molde a evitar que depois de longos anos surja o conflito de interesses, amiúde nos contratos de financiamento imobiliário, nos quais o mutuário, na iminência de liquidação da unidade e execução extrajudicial, sente-se compelido à revisão de cláusulas e condições, por não ter conseguido renegociar com a própria instituição financeira.

A constituição brasileira é específica quanto aos direitos fundamentais, pois consubstanciam verdadeira rede de proteção contra os arbítrios que venham a ser praticados pelo Estado ou pelo hiperssuficiente, sobretudo no atual cenário econômico brasileiro em que a oferta de crédito exagerada ocasionou a chamada proteção das pessoas superendividadas, consubstanciada na lei 14.181/2021, que alterou o código de defesa do consumidor para garantir a defesa do consumidor que se enquadre naquelas condições.

Nas palavras de Lenza (2012), os direitos são bens prescritos na norma constitucional. Sendo, assim, as garantias são os instrumentos por meio dos quais se assegura o exercício dos aludidos direitos ou prontamente os repara, caso violados.

A cessão de crédito bancário tem dado lugar ao surgimento de verdadeiras distorções contratuais, pois tais relações têm por consectário lógico o equilíbrio entre os contratantes, ou seja, direitos e obrigações se contrapesam. Entretanto, tal sistemática não tem sido observada em sua completude em relação aos contratos bancários regidos pelos dispositivos específicos da lei 10.931/04 no que tange à concessão de crédito bancário, seja referente a empréstimo pessoal ou a financiamento de bens.

Tais contratos deixam o consumidor em desvantagem perante as instituições financeiras, pois é comum que o valor pago pelo consumidor, ao final do contrato, seja equivalente a duas ou três vezes o valor tomado inicialmente. Isso se deve à capitalização de juros que, de maneira não condizente com a legislação, é incluída nas cédulas de créditos bancários que unem consumidores às instituições financeiras.

O contrato bancário tem interpretação restritiva, não apenas por imposição do código de defesa do consumidor, mas por imposição do código civil, pois a interpretação das cláusulas contratuais deve ser feita da forma mais benéfica ao aderente, bem como da constituição federal, uma vez que é dever do Estado proteger o consumidor.

Nesse panorama, o Superior Tribunal de Justiça vem criando precedentes voltados à defesa do consumidor, com base na teoria finalista (que considera o consumidor como destinatário fático e econômico do produto ou serviço).

AS PECULIARIDADES DO CONTRATO DE CONSUMO

Em regra, a diretiva de um contrato seria a liberdade concedida aos contratantes. Lorentino (2015) afirma que é possível estabelecer que a liberdade de contratar seja a mais importante das liberdades, mas caso venha a ocorrer a inexistência da percepção acerca da liberdade de contratar nos contratos de consumo, este não existe.

Ainda conforme Lorentino (2015), a questão a se analisar se deve na questão de que se alguém não pode decidir se vai ou não vai contratar, devendo contratar por diversos imperativos alheios à vontade, não poderá, obviamente, decidir como serão os contornos do pacto. Portanto, não há como pactuar um contrato com a parte (p.35).

Nesse sentido, observa-se na lógica da formação dos contratos, pois Gomes afirma que:

> Através do exercício das liberdades de contratar e da liberdade contratual, a doutrina privada escalona o contrato como fonte de obrigações, conforme já traçado em linhas anteriores. Orlando Gomes classifica, pois, os negócios jurídicos como "a mais abundante fonte de obrigações". Dentro delas, situa o contrato como, "inquestionavelmente", a mais importante de todas. (Gomes, 2007, p.39).

Seguindo este pensamento, Roppo (2009) afirma que estabelecer como deverão se comportar os contratantes mediante prestações positivas ou negativas, ou seja, as obrigações de fazer, não fazer, dar coisa certa, incerta, é importante, pois as partes exercitam a liberdade contratual. O certo é aquilo que as partes livremente escolhem, estão vinculados aos seus comportamentos e, se violam o acordo, respondem por isso, sujeitando-se às sanções.

Todavia, falando nos contratos de consumo, fala-se em contemporaneidade, pois a perspectiva do consumidor e das circunstâncias em que se faz a realização da contratação, hoje, é possível se observar qualquer elemento que fuja a existência de liberdade contratual, já que este novo modelo estipula as cláusulas são previamente pelo fornecedor.

Para Lisboa (2012), há inexistência de liberdade contratual nos contratos de consumo, por parte do consumidor, ao identificar uma relação entre desiguais. Logo, a liberdade contratual é considerada as feições do sujeito consumidor, pois este mantém uma relação dependente em relação ao fornecedor, já que este é provedor do ato de consumir.

O contrato de consumo experimenta a realidade no dia a dia das contratações em que há submissão da vontade, dando ao consumidor apenas a liberdade de adquirir, ou não, determinado produto ou serviço. Porém, fala-se na força obrigacional do contrato de consumo, pelo que prevê o próprio Código de Defesa do Consumidor, ao qual gera uma obrigação meramente formal, ou seja, a força obrigatória parte de uma ficção jurídica de que o consumidor deu seu consentimento.

Assevera Lorentino (2015) que, na prática, é realizado de forma que independentemente de qualquer motivação relacionada aos aspectos de forma ou de substância do pacto, o consumidor dará seu consentimento formal aos termos do contrato apenas para alcançar uma finalidade que é atender às necessidades.

É importante destacar que o contrato de consumo é relacionado com o consumidor e a satisfação de suas necessidades, já que, para o consumidor, o contrato é apenas um rito de passagem e não uma construção da vontade. Na realidade vivida nos contratos celebrados entre consumidores e fornecedores está presente o Código de Defesa do Consumidor, no tocante à sua previsão legislativa específica. (Lorentino, 2015, p.37)

Para Mattos (2007), as consequências sociais do contrato possuem, além dos efeitos entre as partes, efeitos exógenos. Porém, os estudiosos do direito acreditam na ideia de que todos os contratos, independentemente de sua natureza, deveriam ter uma função social e estar alicerçados na boa-fé objetiva. Hoje é o que ocorre.

Todavia, a autora afirma que:

> Os contratos de consumo abandonam ou relativizam os princípios da intangibilidade contratual como pact sunt servanda, da relatividade subjetiva, do consensualismo, da interpretação da intenção comum. Logo, estes são substituídos pelos princípios de modificação ou revisão contratual, de proteção do contratante débil, da interpretação contra stipulatorum , de boa-fé contratual. (Mattos, 2007, p. 28).

Na mesma linha, estão os ensinamentos de Almeida:

> Nesse contexto, os contratos na sociedade de consumo perderam o caráter de bilateralidade típico do direito civil clássico, no qual as partes convencionavam as obrigações de cada uma delas no negócio.

> No contrato de consumo cabe a uma das partes a elaboração e/ou aprovação de todas as cláusulas contratuais e, ao consumidor, resta a "faculdade" de aderir ou não a um formulário previamente elaborado que nem podemos chamar de pacto ante o caráter unilateral em sua confecção. (Almeida, 2021, p.797).

Veja-se que os princípios da função social do contrato e da boa-fé objetiva são inseridos no ordenamento jurídico brasileiro como cláusulas gerais, conferindo ao aplicador do direito maior liberdade para revisar e modificar o contrato no caso concreto. O Código Civil de 2002 deu preferência às normas ou cláusulas abertas, sem precisar se ater ao rigor jurídico, vindo a limitar a liberdade de contratar das partes aos princípios da função social do contrato e da boa-fé.

De acordo com o Código Civil de 2002, o princípio da boa-fé objetiva já estava contido no ordenamento jurídico brasileiro como princípio informador das relações de consumo. Desse modo, a defesa do consumidor na Constituição Federal de 1988 é colocada no rol dos direitos fundamentais, ao qual é considerado um dos princípios da ordem econômica contido no artigo 170, V, visto que é baseado na valorização do trabalho humano e na livre iniciativa.

Conforme Lorentino (2015, p. 23), os direitos do consumidor são considerados direitos humanos de terceira geração que ultrapassam os direitos sociais da segunda geração, conhecidos especificamente pelo Estado Social, isto em virtude do caráter de solidariedade e vulnerabilidade contido no caso concreto. A vulnerabilidade do consumidor é reconhecida para coibir os abusos. Assim estabelece que é nula de pleno direito a cláusula que estabeleça obrigações consideradas abusivas, que pode colocar o consumidor em desvantagem exagerada, incompatível com a boa-fé ou a equidade (Lorentino, 2015, p.24).

O consumidor é inserido na função social e no princípio da boa-fé objetiva segundo o Código Civil e o Código de Defesa do Consumidor, mas isto não elimina a aplicação dos princípios tradicionais do Estado liberal como: a liberdade de contratar, a força obrigatória do contrato e a eficácia relativa da convenção, que se aplicam em conjunto com os princípios norteadores das relações contratuais em defesa do vulnerável. (Lorentino, 2015, p.24)

No caso de haver uma invalidade parcial do contrato por quaisquer motivos, não se deve, primeiramente, considerar prejudicado todo o negócio entre as partes, pois se deve atentar para o princípio da conservação do negócio jurídico, sendo que há busca pela manutenção do contrato. Faz-se a análise do contrato de consumo na questão em que a manutenção do negócio somente não ocorrerá se a exclusão da cláusula acarretar ônus excessivo a qualquer das partes.

A TUTELA DO CONSUMIDOR

Afirma Passos (2020, p. 47), que a humanidade, ao longo de sua história, apresenta como traço característico do ser humano uma tendência natural de se associar a outro indivíduo, como se fosse uma condição fundamental de sobrevivência, resultado de um acordo de vontades, que busca como meio de realização de fins e necessidades para a cooperação.

Dessa forma, ainda na visão do autor, ,a origem do ser fora baseada em aldeias, das quais foram formadas as cidades, não só com a finalidade de conservar sua existência, mas também para buscar o bem-estar. Sendo que, a partir da convivência coletiva e social, surge o Estado como uma estrutura responsável por manter a ordem e o equilíbrio dos interesses. (Passos, 2020, p.47).

De acordo com Passos (2020), desde os primórdios da civilização, não havia qualquer tipo de estrutura organizada para solucionar os litígios existentes da época, pois era feito o uso da força, prevalecendo a vontade daquele que tivesse o maior poder (autotutela), no caso "olho por olho, dente por dente". Foi com o passar do tempo que ficou visível que essa forma de resolução não era a mais apropriada para solucionar os litígios da sociedade de forma positiva.

Diante disso, sobre a autotutela, Grinover (2006, p.3) faz uma observação na qual:

> A autotutela garantia a vitória do mais forte, e não a justiça, razão pela qual, pouco a pouco, aqueles que se envolviam em litígios passaram a buscar a solução através de terceiros que não tivessem interesse na

questão, mas no qual depositavam sua confiança. Surgiam, então, os árbitros, os sacerdotes e anciãos, responsáveis por solver os conflitos a partir da vontade dos deuses ou dos costumes daquele grupo; particulares que, por razões atinentes àquele arranjo social, eram responsáveis por saná-los.

No século III d.c., o Estado passou a figurar como esse terceiro que está para intervir no litígio na busca de uma possível solução, vindo a completar o processo evolutivo que se dá por meio da justiça privada e passa para a justiça pública, prestada pelo Estado sem afastar por completo as opções particulares de solução de litígios.

A DEFESA DO CONSUMIDOR ENQUANTO DIREITO FUNDAMENTAL

Benjamim (2012) destaca que o Direito do Consumidor é um ramo atual da ciência jurídica, oriundo de estudos da sociologia do fim do século XIX, o qual obteve importância sobre os operadores do direito em meados do século XX, nas décadas de 60 e 70.

Cita Passos (2020, p.49) que, em 1962, sobre o consumidor:

> Fora realizado um discurso pelo presidente dos Estados Unidos (John F. Kennedy) sendo considerada uma direção para a criação deste ramo, tendo como público-alvo o congresso norte-americano, sendo este preocupado em alertar acerca da necessidade de uma atuação estatal no sentido de proteger o cidadão consumidor de uma série de preocupações consumeristas.

Ainda conforme Passos (2020, p.50), foram destacados outros pontos importantes deste discurso, como a:

> Qualidade e nocividade dos produtos por conta das substâncias que estavam sendo utilizados em sua fabricação, bem como a saúde financeira dos consumidores, os métodos publicitários utilizados; os preços dos produtos e serviços, bem como os efeitos de medicamento produzido sem os devidos testes, assim como a forma como realizavam a fiscalização do abate as carnes, assim como informação dada aos contratantes.

Miragem, sobre a Conferência Mundial do Consumidor, na cidade de Estocolmo (1972), afirma que:

> A Comissão sobre os Direitos do Homem das Nações Unidas editou resolução conferindo aos consumidores direitos básicos, como: o direito à segurança, o direito à informação, o direito à livre escolha e o direito de ser ouvido em processos decisórios governamentais sobre temas consumeristas. Como se vê, são diretrizes completamente alinhadas com os termos da mensagem proferida dez anos antes pelo então presidente norte- americano John F. Kennedy. (Miragem, 2011, p. 937).

Ainda para o autor, o documento considerado relevante na proteção internacional do consumidor é a Resolução nº 39/248, o qual foi adotado pela Organização das Nações Unidas (ONU) em sua 39ª sessão, em 14 de abril de 1985.

Diante de tais proteções, Dorneles (2003, p.24) menciona que:

> A América Latina com o processo de integração regional com o processo de integração regional promovido após a criação e desenvolvimento do Mercado Comum do Sul (MERCOSUL), com uma política voltada para criação de uma moeda única e a superação

de barreiras alfandegárias que permitisse a livre circulação de bens e pessoas, deixando-se de lado questões sociais como a proteção e defesa do consumidor.

Dorneles (2003) destaca a decisão nº 64/2010, do Conselho do Mercado Comum, que veio para estabelecer a necessidade de elaboração de um plano de ação que conduzisse a produção do "Estatuto da Cidadania do MERCOSUL", ao qual criaria o sistema de Defesa do Consumidor, que não ocorreu (p. 24).

Sobre a questão em nível de Mercosul, Dorneles (2003, p. 26) afirma que:

> Merecem destaque dois protocolos. O primeiro é o de Las Leñas, firmado em 27 de julho de 1992, que permite a qualquer cidadão de Estado pertencente ao Mercosul obter prestação jurisdicional ou administrativa no local em que estabeleceu sua relação de consumo, em igualdade de condições com qualquer pessoal daquela nacionalidade. Outro é o Protocolo de Santa Maria, de 22 de novembro de 1996, que, apesar de ser dos mais avançados assinados pelos países do cone sul, não possui vigência em decorrência da necessidade de aprovação de um regulamento comum de defesa do consumidor, o que quase aconteceu no ano de 1997, mas arrefeceu em decorrência da não concordância do Brasil, tendo em vista que os termos propostos representavam um retrocesso ao ordenamento jurídico interno, enormemente modernizado após a edição da Constituição Federal de 1988.

A partir da promulgação da Constituição Federal de 1988, a defesa do consumidor passou a sagrar-se como direito fundamental, muito embora, ainda que timidamente, o Decreto nº 22.626/1933 impedisse o anatocismo em desfavor do vulnerável desde o século passado. Na assertiva de Marques (2016), com base na tendência iniciada pela constituição espanhola de 1978, a

Constituição Federal de 1988 previu que o Estado deveria promover a defesa do consumidor na forma do seu artigo 5º, inciso XXXII.

Para a autora, o legislador constituinte tratou da questão da ordem econômica baseada na livre iniciativa, que tem como um dos seus princípios de estruturação a defesa do consumidor, ao qual busca um desenvolvimento embasado no artigo 48, do Ato das Disposições Constitucionais Transitórias, que repassou ao Congresso Nacional a obrigação de fazer a edição do Código de Defesa do Consumidor. Isso somente se deu no ano de 1990, com vigência a partir de março de 1991.

Dorneles assevera que:

> O SNDC nos artigos 105 e 106 será composto por entidades privadas de defesa do consumidor e órgãos federais, estaduais, do Distrito Federal e municipais, ao qual o acesso foi tido como direito básico do consumidor, repita-se, em claro alinhamento com o momento histórico vivenciado, de implementação do Estado do bem-estar social, consolidando a necessária intervenção do Estado no mercado de consumo. (DORNELES, 2003, p.84).

Para Silva (2012), o Sistema Nacional de Defesa do Consumidor (SNDC) é valor basilar da política nacional das relações de consumo, chamado de princípio da ação governamental, pois estabelece a exigência de que o Estado busque formas de garantir ao consumidor que os produtos e serviços colocados no mercado tenham qualidade, sejam seguros e duráveis, sob pena da aplicação das imposições legais tanto na forma pecuniária quanto penal.

Conforme Silva (2012), após a edição do CDC, os órgãos integrantes do Sistema Nacional dos Direitos do Consumidor passaram a ter a responsabilidade de prestar orientação e informar a sociedade acerca dos direitos do consumidor. Cabe a este intervir na atividade privada para proteger o bem comum, o interesse coletivo, a proteção do consumidor de forma fiscalizadora.

Para Silva (2012), a tutela administrativa do consumidor consiste em atividade de fiscalização com propósito de prevenção e punição de condutas que violam as normas federais ou estaduais relativas à produção e ao consumo. Dessa forma, decorrem do que está previsto no ordenamento jurídico brasileiro, ao qual não está explícito ou faz qualquer tipo de previsão de ato que se destine à busca da solução do conflito, para fiscalizar as relações de consumo, funcionando como instância tão somente de instrução ou julgamento dentro dos limites fixados pelo CDC.

Observa-se que o processo administrativo de tutela do consumidor possui características e funções próprias como: prevenção, educação, fiscalização, harmonização dos interesses e o ajuste de condutas tidas pelos fornecedores. O decreto federal nº 2.181/97, que trata do Sistema Nacional de Defesa do Consumidor (SNDC), estabelece normas gerais de aplicação das sanções administrativas contidas no Código de Defesa do Consumidor.

Contudo, nas palavras de Passos (2020), há questões econômicas envolvidas na busca de um direito, mas que podem constituir um obstáculo no acesso à justiça.

Nas lições de Fabrício Bolzan de Almeida:

> Um dos poderes administrativos existentes no ordenamento jurídico pátrio é o poder de polícia, que tem por objetivo maior restringir o exercício de direitos individuais em benefício da coletividade.
>
> Trata-se de poder respaldado pelo princípio da supremacia do interesse público sobre o particular, segundo o qual, diante de eventual conflito entre o interesse individual e o coletivo, este prevalecerá, em regra.
>
> A defesa administrativa do consumidor é realizada pela Administração Pública com fundamento no poder de polícia que, em última análise, visa regulamentar as relações de sujeição geral como ocorre na obrigatoriedade de todos os fornecedores, sem exceção, respeitarem

> as regras previstas no CDC - sem a necessidade da existência de um vínculo específico que seria aquele existente entre a Administração e o servidor público ou com uma empresa contratada pelo Poder Público fruto do poder disciplinar.
>
> Isto significa dizer que a multa imposta pela Administração a um fornecedor que descumpriu o Código de Defesa do Consumidor terá amparo no poder de polícia, e não no poder disciplinar, em razão do vínculo de sujeição geral existente. (Bolzan, 2021, pág.925).

Segundo Dahinten e Dahinten (2016), no Brasil, há uma preocupação com o Direito do Consumidor como um todo, já que o ingresso do CDC no ordenamento apenas se deu em 1990. Diante da criação do CDC, a proteção da relação de consumo e da verdadeira garantia de uma qualidade mínima aos consumidore, não são consideradas ideias inteiramente novas, visto que já havia um trabalho anterior ao CDC na defesa do consumidor.

Para Barroso (2010), apesar de já existirem manifestações históricas no sentido de proteger os interesses do consumidor, esta era tratada de maneira individual, visto que não tinha uma era conhecida de forma grandiosa como a defesa, de fato, do mais vulnerável, ou seja, o consumidor. Sendo que, em virtude das grandes transformações, essa matéria passou a ser de interesse nacional por meio de sua grande relevância social.

Já para Liz (2012), a positivação da proteção do consumidor foi resultado de uma nova realidade a nível global, pois adveio do desenvolvimento da sociedade e das relações de consumo, de onde sobrevieram mudanças nas relações de consumo. Logo, o consumidor não era mais considerado como apenas um número de estatística no processo de produção e circulação de bens.

Partindo dessa ideia surgiu a questão da sociedade de consumo, caracterizada pelo excesso de mercadorias e pelo estímulo contínuo dos meios de comunicação para consumir cada vez mais, sendo, a sociedade, impulsionada a consumir como se isso fosse o sentido da vida.

Para Liz (2012), o consumo se tornou uma obrigatoriedade, assim como uma função do cidadão. Logo, com esse fenômeno, surgiram problemas, tais como: o acesso ao consumo, a insuficiência de informações seguras e as desigualdades econômicas e sociais presentes nas relações de consumo. Ainda conforme o autor, os efeitos da evolução nas relações de consumo só vieram a ser sentidos por força da promulgação da CF/1988 e com o próprio CDC. Na prática, tais mudanças surgiram de forma atrasada, mas revolucionaram a relação consumerista. Antes de tais mudanças, o consumidor estava totalmente desamparado para enfrentar os abusos do mercado de consumo. Hoje isso mudou.

Por sua vez, Dahinten e Dahinten (2016) afirmam que o Brasil estabeleceu, em 1988, as bases para a defesa do consumidor. Fazer uma delimitação do exato significado de direitos fundamentais não é tarefa simples, mas direitos fundamentais podem ser apontados como o resultado da personalização e da positivação constitucional de determinados valores básicos, retratando a ordem normativa, fazendo uma relação com a própria dignidade.

Ainda na visão dos autores, é importante analisar que, ao elevar-se ao status de direito fundamental, faz-se o reconhecimento que determinado direito foi consagrado expressamente como tal por ser elementar a determinada ordem jurídica. Sendo que, ao analisar a materialidade, um determinado direito é visto como base do ordenamento constitucional, não apenas por estar escrito, mas pelo fato de tratar de elementos do texto constitucional e de abranger questões relativas à estrutura básica do Estado e da sociedade como um todo.

Em análise, Dahinten e Dahinten (2016) mencionam que, dentre os diversos temas abordados pelo constituinte de 1988 como elementares e que foram merecedores do status de direito fundamental, estava inserido o direito de proteção do consumidor, no texto constitucional, no artigo 5°, XXXII. Desde então, no Brasil, pode-se afirmar que é incontestável que a proteção do consumidor reflita um direito da mais alta carga axiológica.

Marques e Miragem (2010) afirmam que a proteção do consumidor é um valor constitucionalmente fundamental e inobstante a isso tem sede constitucional caracterizado como um dos direitos humanos, enquanto direito subjetivo. Asseveram, ainda, os autores que a fundamentação do direito relativo à proteção do consumidor é de fácil compreensão, tanto formal quanto materialmente falando, pois a compreensão formal é inequívoca, haja vista a expressa redação do texto constitucional do art. 5°, XXXII. Sua materialidade decorre do vínculo que existe entre o princípio da dignidade da pessoa humana e a proteção do consumidor, a fim de realizar uma necessidade humana básica, ou seja, a necessidade de consumir.

Marques e Miragem (2010 apontam que, em virtude da necessidade básica de consumir, presente na sociedade, deu-se o Direito do Consumidor, criado para tutelar estas relações jurídicas que, além de essenciais, são inevitáveis e possuem características marcantes como: o desequilíbrio e a desigualdade entre as partes, entre consumidor e fornecedor. Contudo, os autores, ainda, destacam a importância de falar que a Carta Magna, ao consagrar a livre iniciativa em destaque no artigo 1°, IV, que por si só não é geradora de consumo, mas sim porque já era instaurada, na sociedade capitalista de consumo em que se vive, a questão de zelar pela proteção dos sujeitos mais vulneráveis destas relações.

Portanto, diante do que já foi exposto, não há o que se questionar com relação à parte fundamental do direito de proteção do consumidor, pois sua finalidade se encontra relacionada com os princípios e valores constitucionais, bem como a dignidade da pessoa humana, já que é tido como direito fundamental no Brasil.

O CONSUMIDOR ENQUANTO SUJEITO VULNERÁVEL

Destaca Miragem (2019) que o direito do consumidor é construído em torno da vulnerabilidade. Há uma razão para haver um direito especial advindo de uma ordem pública de proteção frente à critério que legitime a diferenciação. Como há a referência na Constituição de 88 com relação à defesa do consumidor como direito fundamental, porém, não define quem seja o consumidor.

Para Miragem (2019), a legislação defende o consumidor porque reconhece a necessidade da ação, identificando sua situação desigual em relação aos fornecedores, pois é fundamental promover o equilíbrio das partes na relação de consumo, mesclando os efeitos de uma relação de subordinação estrutural e igualdade do consumidor ao fornecedor de modo a assegurar sua regular ação na realização de seus interesses de consumo.

Outrora, para Miragem (2019), a questão da vulnerabilidade tem origem e desenvolvimento no entendimento brasileiro, em conjunto com o direito do consumidor. Porém, isso não significa que a proteção da posição jurídica fosse desconhecida, mas o reconhecimento pela teoria do direito sobreveio partindo das transformações do direito constitucional e consagração dos direitos fundamentais. Logo, há uma distinção de como a vulnerabilidade será consagrada expressamente em relação ao consumidor.

Há critérios para o reconhecimento da vulnerabilidade:

> Tanto no direito do consumidor ou fora dele, há uma relação do conceito, mas com o argumento de diferenciação entre consumidores conforme suas qualidades personalíssimas, de modo a afastar a presunção absoluta de vulnerabilidade. Porem, em determinadas situações, de um ônus poderá afastar a eficácia original do dever de informar do fornecedor. (Marques e Miragem, 2014, p.200).

No que tange aos critérios de avaliação da vulnerabilidade e sua repercussão na efetividade do direito do consumidor, para Marques e Miragem (2014), é necessária a análise de interpretação e aplicação das suas normas, levando em consideração a caracterização da vulnerabilidade como princípio e fundamento do direito do consumidor, critérios de classificação, bem como se faz a análise em duas abordagens da vulnerabilidade, no caso o conceito abstrato e situação concreta na interpretação e aplicação das normas do direito do consumidor.

Marques (2016, p.325) menciona que:

> A vulnerabilidade em tese é tida como princípio do direito do consumidor, pois este princípio á base do direito fundamental de promoção de sua defesa com base na Constituição brasileira de 88 e no Código de Defesa do Consumidor. Então, as normas dão prioridade para os direitos dos consumidores e deveres dos fornecedores. Contudo, há um trabalho em conjunto deste princípio com a com a aplicabilidade das normas legais, dos princípios gerais do direito, analogia, costumes e equidade.

Por sua vez, o princípio da vulnerabilidade visa estabelecer a presunção absoluta de fraqueza do consumidor no mercado como uma forma de proteção e orientação na sua aplicação na relação consumerista, mas, em todo caso, há uma variação da forma como se apresenta para cada consumidor individualmente, avaliando características pessoais e econômicas, sociais ou intelectuais.

Ainda para Marques (2016), em virtude de situações ligadas a diferenças de grau ou fraqueza do consumidor em casos específicos, advindo de determinada qualidade subjetiva pessoal ou ligada a grupos de consumidores, foi realizado o reconhecimento da vulnerabilidade agravada com a intenção do Estado melhorar a proteção dos sujeitos que estão vulneráveis.

Conforme afirma Marques (2016), há uma estrutura para seguir tais variações de espécies de vulnerabilidade para reconhecer o consumidor como parte vulnerável da relação. Considera-se, na doutrina, a tríplice classificação de vulnerabilidades técnica, jurídica e fática, além de outra que faz uma complementação na área das novas tecnologias, a informacional. Sendo que a classificação tríplice da vulnerabilidade resulta da doutrina inaugural do direito do consumidor brasileiro. (p. 328)

Marques conceitua vulnerabilidade técnica de forma que:

> O consumidor não detém conhecimento especializado sobre o produto ou serviço objeto da relação de consumo. Planta-se a desigualdade na relação jurídica com o fornecedor, mediante a presunção autorizada de que este, ao participar da oferta do produto ou serviço no mercado de consumo, detém um maior grau de informações sobre ele. (Marques, 2016, p. 329)

Para Marques (2016, p. 329), isto significa que o fornecedor deve obter mais informações sobre a oferta do produto, inclusive como pressuposto do atendimento ao dever de informar que lhe é imputado. Sendo que a outra parte, que é o consumidor, não é exigida, a priori, que possua conhecimentos específicos sobre as características do objeto da contratação, além daqueles que são informados pelo fornecedor.

Para Marques (2016), vulnerabilidade jurídica compreende a falta de conhecimento pelo consumidor dos direitos e deveres inerentes à relação de consumo que estabelece, mas é considerada como vulnerabilidade científica, pois abrange a ausência de conhecimentos em economia e a incapacidade de compreensão das consequências da contratação para o consumidor que está em desvantagem.

Miragem (2019, p. 325) faz uma observação importante, a vulnerabilidade jurídica é presumida com relação ao consumidor não especialista, pessoa natural, não profissional, a quem não se pode exigir a posse específica destes conhecimentos. Porém, há uma diferença com relação ao consumidor pessoa jurídica ou o consumidor profissional, já que este deverá obter tais informações ou buscar obtê-las de forma razoável.

Em análise sobre a vulnerabilidade fática, pois a espécie é ampla, visto que abrange diversas situações concretas de reconhecimento da debilidade do consumidor considerando as qualidades subjetivas que apresentem a subordinação estrutural em relação ao fornecedor. (Pasqualotto, 2017, p.81)

Observa, ainda, o autor que vulnerabilidade fática se dá em razão da diferença de porte econômico entre as partes, ao qual se observa a desproporção dos meios de defesa de interesses e exercício de suas pretensões no que se refere à vulnerabilidade econômica. Além destes pontos, pode-se destacar a vulnerabilidade agravada do consumidor. Isto quer dizer que, no caso da criança, do idoso ou da pessoa com deficiência, em razão de características específicas como o discernimento reduzido, são suscetíveis de atenção maior dos fornecedores.

Sobre a vulnerabilidade agravada, destaca-se:

> Todavia, no reconhecimento da vulnerabilidade agravada do consumidor quando está é reconhecida pelo agravamento de sua condição de debilidade frente ao fornecedor, é de utilidade a aplicação das normas de proteção ou como sugere a doutrina, originando um dever de cuidado especial12 - que atenda a essa situação peculiar. (Marques, 2014, p. 18).

Segundo Miragem (2019), para finalizar as espécies de vulnerabilidade, analisa-se uma quarta categoria chamada de vulnerabilidade informacional, que se trata da especialização das repercussões destas condições de fato, no caso, fala da dificuldade do consumidor tomar em conta as informações relevantes sobre a contratação do serviço ou objeto.

Miragem (2019) trata da falta de acesso às informações do produto, bem como da confiança despertada em razão da comunicação e da publicidade. Contudo, coloca-se o consumidor em uma posição passiva e sem condições de verificar os dados do produto no marketing dos fornecedores. Entretanto, a imposição do dever de informação procura, em última análise, promover a equidade informacional das partes.

Todavia, o autor ressalta que a vulnerabilidade informacional tem relação com o déficit de informações do consumidor na relação com o fornecedor, sofre mudanças com a realidade de mercado no consumo digital. Sendo que é resultado das novas tecnologias da informação com novas formas de ofertas de produtos e serviços, logo, exige o reconhecimento de uma realidade distinta, tanto para a específica como para aplicação das normas do CDC.

Assevera o autor, com relação ao protagonismo do princípio da vulnerabilidade no direito do consumidor, que:

> Afirmou-se não apenas para justificar a existência de normas de proteção, como também de orientar sua aplicação. Para tanto, o reconhecimento da vulnerabilidade, tomada como presunção absoluta em relação às pessoas naturais consumidoras, valoriza, em relação às pessoas jurídicas, a situação concreta em que se estabelece a relação de consumo. (Miragem, 2019, p.230).

Afirma-se que a previsão da pessoa jurídica como consumidora fora uma opção da legislação brasileira quando promulgado o CDC, sendo que ocorreu entre dúvidas e divergências. No entanto, as dúvidas surgiram sobre o alcance da disposição para fazer a divisão entre relações civis e empresariais, bem como sobrevivem as divergências sobre o resultado de sua aplicação, para não haver o desequilíbrio de relações paritárias.

Segundo Marques (2014), o princípio da vulnerabilidade pode ser exercido para orientar, assim como para garantir a efetividade das normas de direito do consumidor, pois visa contribuir para a solução da questão. Sendo que, deste princípio, há uma presunção absoluta de que, de forma geral, o consumidor é vulnerável.

Outrora se pode constatar que o CDC não foi criado apenas para pessoas naturais, visto que também há pessoas jurídicas. Dessa forma, a opção legislativa brasileira em prever como consumidor se aparta de vários outros sistemas jurídicos, sendo que o CDC leva em consideração a destinação final do produto ou serviço objeto da relação de consumo.

Para Marques (2014). o critério legal de consumidor contido no artigo 2º do CDC, foi motivo de várias discussões divergentes sobre o tema. Dentre esses critérios, para o conceito de destinatário final, faz-se a avaliação do destinatário final fático, econômico ou fático e econômico. Sendo que esta definição serve para submeter, também, a soluções tópicas e a partir daí fazer o entendimento juntamente com o princípio da vulnerabilidade. Azevedo e Andreazza (2021) afirmam que no sistema das normas jurídicas, o Brasil possui meios extensos de proteção ao consumidor, pois a defesa do consumidor possui norma privilegiada desde o destaque na Constituição Federal no rol de direito fundamental. Sendo reconhecido como princípio específico da ordem econômica e financeira do Estado, visto que não se pode desconsiderar o consumidor enquanto sujeito de direitos.

O normativo constitucional do artigo 5ª foi criado para contribuir para a edição do Código de Defesa do Consumidor, surgindo dois anos depois da promulgação da Constituição. Contudo, o papel do Código de Defesa do Consumidor enquanto instrumento normativo é de proteger o consumidor vulnerável no mercado de consumo brasileiro.

Afirmam eles que o CDC:

> É a expressão de um mandamento de tratamento desigual. Contudo, é no entendimento constitucional, que encontra seu reconhecimento na posição jurídica de vulnerabilidade dos consumidores no mercado de consumo. Todavia, ainda na visão dos autores a proteção dessa categoria social ocorre a partir de normas capazes de trazer o adequado e efetivo controle e coibição das situações de desequilíbrio excessivo nas relações de consumo, como as que decorrem das práticas abusivas pelos fornecedores em desfavor dos consumidores. (Azevedo; Andreazza, 2021, p.03).

Outrora, na opinião de Marques e Miragem, conceitua-se, sobre a proteção do consumidor, no direito privado, como:

> A consagração da proteção jurídica do consumidor de forma independente pela ordem normativa, ou seja, à parte das demais relações jurídicas entre pessoas privadas, como ocorre no Direito Civil. Tamanha a relevância constitucional da necessidade de proteção desse sujeito de direito (o consumidor), que a Constituição, além de garantir a sua proteção enquanto direito fundamental e princípio da ordem econômica, determinou expressamente que fosse elaborado o Código de Defesa do Consumidor artigo 48 do Ato das Disposições Constitucionais Transitórias. (Marques e Miragem, 2017 p.150).

Partindo desta ideia, tal ponto representa uma referência constitucional de que o mercado de consumo e, especialmente, a figura do consumidor exigem uma proteção jurídica especial por estar em desigualdade, pois o tratamento normativo é sempre importante para que as demandas que envolvem o consumidor constem de hierarquia fundamental. No entendimento de Miragem (2020), essa ideia de proteção foi gerada por meio do pressuposto da desigualdade entre as partes que se relacionam juridicamente. Dessa forma, procuram colocar o equilíbrio da relação por meio de ferramentas jurídicas, visando uma igualdade material. Contudo, é importante reconhecer o princípio que está em torno da defesa do consumidor, o princípio da vulnerabilidade, ao qual é considerado o centro das relações de consumo, bem como uma das mais importantes cláusulas gerais.

Para Azevedo, na ordem jurídica, há uma necessidade de analisar cada relação jurídica individualmente, pois:

> O consumidor é um sujeito vulnerável no âmbito de uma relação de consumo, pois de acordo com a Política Nacional das Relações de Consumo deve haver o reconhecimento da vulnerabilidade do consumidor no mercado de consumo. No cenário da sociedade de consumo contemporânea, entende-se que a vulnerabilidade do consumidor é o elemento que suficientemente justifica o tratamento

> desigual entre consumidores e fornecedores em busca da igualdade material. (Azevedo, 2017, p.34).
>
> Sendo assim, a vulnerabilidade do consumidor é considerada de forma que:
>
> O sistema jurídico positivado brasileiro possa reconhecer a qualidade ou condição do sujeito mais fraco na relação de consumo, visando á questão da ofensa daquele consumidor na sua incolumidade física ou psíquica, bem como no âmbito econômico, por parte daquele que possui um poder bem maior nesta relação, ou seja, o fornecedor. (Azevedo, 2017, p.34).

Azevedo e Andreazza (2021) ressaltam a importância de se destacar a divisão de classificações de doutrinas nas formas de manifestação da vulnerabilidade do consumidor, visto que facilita a aplicação da legislação consumerista aos conflitos de consumo. Logo, o Poder Judiciário pode fazer a aplicação da vulnerabilidade em cada caso concreto de forma diferenciada em virtude de tais classificações.

Os autores ainda destacam que a classificação de vulnerabilidade foi apresentada e reconhecida pelo Superior Tribunal de Justiça no julgamento do REsp 1.195.642/RJ em 2012. Pode-se afirmar que, nessa época, a doutrina já mencionava tradicionalmente a existência das vulnerabilidades técnica, jurídica, fática e informacional.

Moraes (2009), além dessas espécies que já eram tradicionalmente reconhecidas, em obra específica sobre a vulnerabilidade do consumidor, reconhece outras formas de manifestação do princípio da vulnerabilidade. Segundo o autor, também pode ser considerada a existência das seguintes manifestações da vulnerabilidade: técnica, jurídica, política ou legislativa, neuropsicológica, econômica e social, ambiental e tributária.

Para Fabrício Bolzan de Almeida:

> Foi evidente a preocupação do legislador infraconstitucional quando da elaboração do Diploma Consumerista em definir os principais conceitos dos elementos que compõem a relação jurídica de consumo, como forma de minimizar os eventuais conflitos a existirem nesse novo modelo de sociedade e, assim, contribuir para uma maior efetivação da proteção da parte mais fraca dessa relação jurídica, o consumidor-vulnerável.

A CAPITALIZAÇÃO DE JUROS E OS CONTRATOS BANCÁRIOS

No empréstimo de dinheiro (contrato de mútuo feneratício) entre consumidor e instituição bancária, é lógico que a remuneração devida pelo consumidor se contempla na taxa de juros cobrada pela instituição bancária. São os chamados juros remuneratórios. Em caso de atraso no pagamento das prestações avençadas, os juros cobrados são chamados juros moratórios.

Para Santos (2015), juros é o encargo devido se a parte devedora entrar em mora, no caso atrasar o pagamento da dívida, mas para os juros nos contratos bancário, pois possuem um limite para tal cobrança. Menciona-se que há a Súmula 379 do STJ para ser considerada, pois nos contratos bancários não regidos por legislação específica, os juros moratórios poderão ser convencionados até o limite de 1% ao mês.

Ainda para o autor, é necessário ser analisada a questão dos juros remuneratórios, que são considerados os juros devidos pela disponibilidade de dinheiro oferecido pela instituição financeira, ou seja, é o pagamento devido pelo uso do dinheiro.

Para Canário (2015), são juros independentes de mora, inseridos dentro das parcelas devidas, é aplicado para este a Súmula 596 do STF, ao qual retratam a situação em que as instituições financeiras não estão sujeitas à Lei de Usura, logo não estão sob a limitação de juros remuneratórios, bem como a Súmula 382 do STJ que retrata que a estipulação de juros remuneratórios superiores a 12% ao ano. Ainda, segundo o autor, para os tribunais, há uma pacificação com relação a essa questão do limite de juros. Sendo que consta na Lei da Usura, fundamenta o preceito de que diante de uma situação entre particulares, poderá ser aplicada a limitação do percentual de 12% ao ano no mútuo, sob pena de se configurar crime, conforme preceitua o art. 1º do Decreto 22.626 de 1933.

Menciona Santos (2015) que há duas categorias de espécies de juros remuneratórios, como os juros remuneratórios legais, estes exigidos por determinação legal, bem como por ela imposta e limitada, já com limite legal de 12% dos juros remuneratórios impostos pela Lei de Usura, também há os juros remuneratórios convencionais que são aqueles fixados livremente pela manifestação da vontade nos contratos.

Quando se fala em juros, não há como deixar de discutir sobre capitalização simples, logo se leva em consideração o valor do histórico inicial da dívida. Sendo que, em cada parcela, os juros incidirão tão somente sobre o valor nominal inicial emprestado.

Por outro lado, há os juros remuneratórios compostos (sistema price), tidos como mais complexos, denominados de juros sobre juro, ao qual é realizada a soma da dívida original aos juros, e assim as parcelas posteriores incidirão sobre o novo total, servindo da base de cálculo, alargando os juros, pois incide no que já foi pago anteriormente. Esta prática é conhecida por anatocismo, a qual consiste na possibilidade do credor somar o valor dos juros vencidos sobre o valor global não pago e, sobre este montante, reaplicar a taxa de juros contratada.

Assevera Lapponi (2014) que há o regime de capitalização simples com base no método de cálculo de juros utilizado em operações financeiras que envolvem empréstimos, financiamentos, investimentos, entre outros. Dessa forma, os juros são calculados apenas sobre o valor principal, sem considerar os juros acumulados nos períodos anteriores.

Pode-se fazer destaque a outra característica do regime de capitalização simples, pois é a mais utilizada em operações de curto prazo, geralmente com prazo inferior a um ano. Sendo que, em operações de longo prazo, o cálculo dos juros simples pode gerar uma diferença significativa em relação ao cálculo de juros compostos. (Santos, 2015, p.10)

Em destaque, Santos (2015) afirma que a vedação ao anatocismo não se aplica às instituições financeiras, visto que a Lei de Usura veda a capitalização composta inferior a um ano. Destaca-se que a medida provisória 2.170-36/2001 preconiza que os bancos poderiam capitalizar juros mês a mês, desde que expressamente previsto no contrato. Muito embora tal medida provisória disponha sobre a administração dos recursos de caixa do Tesouro Nacional e, por essa razão, não teria o objetivo de regular as relações de consumo decorrentes de contratos bancários.

Para Canário (2015), os instrumentos do mercado financeiro concedidos às instituições financeiras, permitem que elas atuem tanto no âmbito eminentemente privado quanto no âmbito governamental (oficial), sendo que elas não podem exercer outras atividades além das que se referem ao mercado da concessão de crédito.

Quanto à taxa de juros, Santos (2015) defende que ela tem de ser igual ou inferior ao duodécuplo anual, de tal maneira que se fosse aplicado, contratualmente, percentual superior a ele, configura-se o ilícito da usura.

Em que pese a constitucionalização do direito bancário, conforme art. 192 da Carta Magna, que deve ser baseado no equilíbrio e no interesse da coletividade, sendo regulado por lei complementar, a discussão acerca do limite da taxa de juros frente às instituições financeiras restou superada com a edição da súmula 382 do Superior Tribunal de Justiça.

Santos e Costa (2023) destacam que, para investimentos de longo prazo, o método do cálculo de juros compostos é menos relevante, mas ambos os regimes têm vantagens e desvantagens e devem ser considerados com cuidado antes de tomar uma decisão de investimento ou dívida. Porém, o regime de capitalização simples é mais fácil de entender e calcular, logo poderá resultar em uma rentabilidade menor, enquanto o regime de capitalização composta pode oferecer uma rentabilidade maior financeiramente para as instituições financeiras.

Na definição de Marinho (2012), cabe, como conceitos de juros simples e compostos:

> São universais e dizem respeito ao processo de formação dos juros. No cálculo dos juros simples, a taxa de juros incide sobre o capital ou soma inicial, e somente sobre este valor. Diferencia-se brutalmente dos juros compostos, em que a taxa estipulada de juros incide sobre o capital inicial e também sobre os juros e dividendos que vão se acumulando periodicamente. (Marinho, 2012, p.121).

Quanto aos juros simples, de acordo com Marinho (2012), eles incidem uma única vez no capital emprestado ou financiado. No regime de juros compostos, estes incidem não apenas sobre o capital emprestado ou financiado, mas também se repetem no saldo devedor da operação.

Aponta Santos (2012) que o Poder Judiciário não possui a função de estabelecer parâmetros de taxa de juros em operações realizadas pelas instituições financeiras, visto que isto acarretaria em um conflito das atribuições. Em se tratando da função do Judiciário, cabe a ele realizar, no caso concreto, a revisão do contrato bancário, das taxas de juros e encargos, sempre que houver a existência de abusividade, bem como onerosidade excessiva e outras questões consideradas errôneas, vedadas pelo ordenamento e que diferem dos princípios fundamentais regentes da relação consumerista. (Santos, 2012, p.10)

Por sua vez, Santos (2012, p.13) afirma que a competência para a atribuição das taxas bancárias é exclusiva do Conselho Monetário Nacional e do Banco Central, mas o Poder Judiciário pode intervir para fixar ou limitar, caso haja abuso das taxas de juros nos contratos bancários de acordo com os princípios fundamentais estabelecidos no Código de Defesa do Consumidor, Código Civil e na Constituição da República. Logo, não pode ser excluída da apreciação do Poder Judiciário, sob pena de violação do artigo 5º XXXV da CRFB.

Em todo caso, para Santos (2012), a atuação judicial não está resumida a uma simples verificação contábil, pois cabe ao juiz (quando devidamente provocado via ação própria) fazer análise das taxas de juros nos contratos bancários e nas operações financeiras de forma em geral, verificar se as taxas são proporcionais ao risco do negócio e se estão dentro do contexto do mercado atualizadas.

Ainda, cabe nas atribuições do Judiciário certificar se, dentro do contrato, foram respeitados, no momento da assinatura e na sua execução, os princípios de boa-fé objetiva e da função social do contrato, visto que são princípios basilares de todo e qualquer contrato.

Nesse sentido, Santos (2012) afirma que os juros remuneratórios só podem ser chamados de abusivos se houver comprovação de exorbitância da forma substancial da taxa média de mercado, logo, há exceções para não ser considerado como altas as taxas, nos casos em que são justificados pelo risco da operação envolvida como das operações de crédito que exigem poucas garantias e que geralmente envolvem pequenos valores.

Se houver uma relação divergente entre as taxas de juros e os volumes das operações de crédito, em função das garantias, tais questionamentos estão passíveis de chegar ao Poder Judiciário, nos Juizados Especiais, com relação aos contratos de crédito direto ao consumidor, cheque especial e cartão de crédito.

Ainda para Santos (2012). em sua grande maioria, o questionamento surge no caso de pessoa física, pois não incide de forma concreta no percentual da taxa juros aplicada, bem como não há tantas informações quanto ao contrato nas cláusulas contratuais, para ser esclarecida na inicial. Logo. fica evidente a falta do comprometimento da boa-fé objetiva e do equilíbrio financeiro do contrato.

Insta mencionar que Resp 1.036.818/RS trata de abusividade dos juros remuneratórios, cuja ementa assim destaca:

> PROCESSUAL CIVIL E BANCÁRIO. RECURSO ESPECIAL. AÇÃO REVISIONAL. EMPRÉSTIMO PESSOAL. JUROS REMUNERATÓRIOS. ABUSIVIDADE. CONSTATAÇÃO. LIMITAÇÃO À TAXA MÉDIA DE MERCADO. DISSÍDIO JURISPRUDENCIAL. NÃO CONFIGURAÇÃO. - Cabalmente demonstrada pelas instâncias ordinárias a abusividade da taxa de juros remuneratórios cobrada, deve ser feita sua redução ao patamar médio praticado pelo mercado para a respectiva modalidade contratual. - Não se configura o dissídio jurisprudencial se ausentes as circunstâncias que identifiquem ou assemelhem os casos confrontados. Art. 541, parágrafo único, do CPC e art. 255, caput e parágrafos, do RISTJ. Recurso especial não conhecido.

O aresto é claro ao anunciar que, em sendo a taxa remuneratória de juros dotada de abusividade, esta deve ser substituída ao patamar médio praticado pelo mercado para a respectiva modalidade contratual. A jurisprudência pacífica da Turma Recursal dos Juizados Especiais do Amapá, aliado ao entendimento do STJ, é no sentido de se usar a taxa média calculada pelo BACEN, quando a taxa contratual se mostrar abusiva:

> RECURSO INOMINADO. CIVIL. CONSUMIDOR. BANCO CREFISA. EMPRÉSTIMO BANCÁRIO. REVISÃO DE TAXA DE JUROS. ABUSIVIDADE VERIFICADA. INCIDÊNCIA DO CDC. CONTRATO DE ADESÃO. MITIGAÇÃO DO PRINCÍPIO DA AUTONOMIA DA VONTADE. READEQUAÇÃO DA TAXA DE JUROS. RESSARCIMENTO DOS VALORES PAGOS INDEVIDAMENTE NA FORMA SIMPLES. RECURSO CONHECIDO E NÃO PROVIDO. 1) Os serviços que as instituições bancárias colocam à disposição dos clientes estão regidos pelo CDC, porquanto se inserem no conceito consagrado no § 2.º do art. 3.º do referido diploma legal. Nos contratos de adesão, há uma mitigação

do princípio da autonomia da vontade. Configurada a ilegalidade, cabe ao Estado-Juiz restabelecer o equilíbrio da relação contratual. 2) No caso, verificou-se a abusividade da taxa de juros remuneratórios aplicada ao contrato firmado entre as partes, com percentual de 22,00 % a.m, devendo haver a adequação à taxa média de mercado fornecida pelo Banco Central à época da efetiva contratação, que foi de 6,52% (RECURSO INOMINADO. Processo Nº 0032655-71.2017.8.03.0001, Relator JOSÉ LUCIANO DE ASSIS, TURMA RECURSAL DOS JUIZADOS ESPECIAIS, julgado em 19 de fevereiro de 2019). 3) Comprovado o direito da parte autora, deve ocorrer a readequação da taxa de juros à época da celebração contratual, devolvendo-se, na forma simples, os valores excedentes a serem apurados em planilha apresentada em sede de liquidação. 4) Recurso conhecido e improvido. Sentença mantida pelos próprios fundamentos.

(RECURSO INOMINADO. Processo Nº 0001195-24.2021.8.03.0002, Relator CESAR AUGUSTO SCAPIN, TURMA RECURSAL DOS JUIZADOS ESPECIAIS, julgado em 7 de dezembro de 2021).

Portanto, é importante realizar a manutenção do equilíbrio financeiro dos contratos privados, como é o caso do contrato bancário, pois implica na manutenção de sua função social, bem como na possibilidade de relativização de seu conteúdo por parte do Poder Judiciário e assim tornar-se parte legítima na relação contratual quando as taxas forem abusivas e o consumidor se sentir lesado.

A EVOLUÇÃO HISTÓRICA DOS PRECEDENTES DO STJ SOBRE A CAPITALIZAÇÃO DE JUROS

Segundo Fernandes (2022), o Direito brasileiro sempre buscou a evolução da interpretação da norma, visto que aperfeiçoar, nas formas de aplicação das sentenças, é importante para garantir a segurança jurídica. Contudo, leva-se em consideração o Código de Processo Civil, em seu artigo 926, no qual os tribunais devem uniformizar sua jurisprudência e mantê-la estável, íntegra e coerente. Após o tribunal uniformizar determinada jurisprudência, observa-se a grande clareza sobre determinada matéria, assim evitando maiores surpresas sobre determinado assunto a ser questionado por meio da jurisdição estatal.

Ainda no entendimento de Fernandes (2022), por meio dos precedentes e das jurisprudências, ficam constatados diversos entendimentos sobre a matéria de capitalização de juros remuneratórios no direito bancário. Sendo assim, ocorre uma imprevisibilidade sobre o tema em um curto lapso temporal. Uma jurisprudência uniforme sobre a questão leva a uma maior antecipação da coisa julgada, bem como as orientações às partes interessadas como as instituições financeiras e consumidores.

Fernandes (2022) destaca, com relação à jurisprudência uniforme, o que obtém uma concentração na ratio decidendi, ou seja, a razão para a decisão dos precedentes que originaram o enunciado n.º 541 da súmula da jurisprudência dominante do STJ. Há que se mencionar que o enunciado da súmula 541 exerce força vinculante conforme Código de Processo Civil nos termos do art. 927, inciso IV. Sendo que, para o juiz, na prática forense, faz-se uso do artigo 489, § 1.º, inciso V. Logo, precisa ser juntado aos autos o instrumento contratual com indicação dos juros mensais e os juros anuais com os cálculos matemáticos.

Para Junior et al. (2022), o enunciado da súmula 539 da jurisprudência dominante do próprio STJ faz o destaque da permissão da capitalização de juros com periodicidade inferior à anual em contratos celebrados com instituições integrantes desde a criação da MP n. 1.963- 17/2000, reeditada como MP n. 2.170-36/2001.

Junior et al. (2022) menciona que juro é o quantum pago sobre um determinado valor considerado como remuneração pela sua disponibilização por um certo período de tempo, subdivido em juros simples, que é o capital remunerado de acordo com o período em que é utilizado. Já o composto é o capital somado com o juro para que o próximo período seja remunerado.

Ainda na visão do autor, os juros capitalizados são os devidos e já vencidos unidos ao capital representativo da dívida ou obrigações para constituírem um novo total, subdivididos como juros lineares e juros exponenciais. Logo, os juros exponenciais ocorrem de forma desordenada.

Junior et al. (2022) assevera que, na questão da capitalização dos juros, não pode ser realizada pela simples vontade das instituições do Sistema Financeiro Nacional, pelo simples fato de decidirem fazer por si só o que querem sem observar a legalização. Sendo que, para a capitalização composta dos juros remuneratórios em qualquer operação, deve ser realizada de forma clara e expressa em contrato, logo não pode haver dúvidas, para o consumidor, de que irá pagar juros com a capitalização composta.

Menciona Junior et al. (2022) que o primeiro instrumento com repressão aos juros fora o Código Civil de 1916, revogado em seu Capítulo XV sobre juros legais, posteriormente sobreveio o Decreto nº 22.626 mais conhecido como Lei da Usura, que se trata da vedação da capitalização de juros.

Nesse sentido, ainda para o autor, afirma-se que, em virtude das altas taxas de juros, com a intenção de proteger o consumidor, fora criada a Súmula 121/STF, que está relacionada à vedação da capitalização de juros, ainda que expressamente convencionada.

Posteriormente foi criada a Súmula 541 do STJ, que se refere à previsão, no contrato bancário, de taxa de juros anual superior ao duodécuplo da mensal, é suficiente para permitir a cobrança da taxa efetiva anual contratada. Contudo, no início de 2017, o STJ elaborou nova análise sobre o tema da capitalização dos juros remuneratórios no Recurso Especial Repetitivo 1.388.972/SC, julgado em 13/03/2017, sobre a periodicidade anual da capitalização, sendo que sempre foi autorizada no ordenamento jurídico brasileiro, mas é necessária contratação expressa.

OS EFEITOS JURÍDICOS DOS PRECEDENTES DO STJ SOBRE AS TAXAS MÉDIAS DE JUROS DE MERCADO (BANCO CENTRAL)

A proteção do consumidor configura-se como direito fundamental, haja vista sua condição de vulnerável perante as instituições bancárias, bem como os precedentes judiciais têm o condão de oferecer segurança jurídica às relações entre as pessoas.

Fernandes (2022, p.13) menciona que:

> No início do século XX a mudança mais importante deste período foi a Segunda Guerra Mundial, conhecido como um marco na história mundial, vindo a causar uma grande comoção na percepção das pessoas e das nações a respeito de questões sociais e econômicas. Com relação ao aspecto da economia na Segunda Guerra Mundial, esta foi sucedida das instituições e consensos formados na Conferência de Bretton Woods com o objetivo de criar uma arquitetura de cooperação econômica e financeira do pós-guerra.

Ainda para o autor:

> Em Bretton Woods se estabeleceu a criação do Banco Mundial e do Fundo Monetário Internacional (FMI), sendo assim acerca dos debates que surgiram da criação do FMI, houve um estudo

> sobre a questão de funcionar como uma espécie de banco central internacional. (Fernandes, 2022, p.13).

Franco (2017, p.333) destaca que:

> O FMI faria atuação com a Liga das Nações à coordenação de programas de financiamento e ajustamento de balanços de pagamentos para países em dificuldades. Então, o Banco Mundial, cuidaria de problemas estruturais e projetos de investimento e desenvolvimento.

Para Fernandes (2022, p.11), com a criação do banco mundial, o Brasil passou a se aprimorar na questão monetária do país e a ideia da criação do banco central. Contudo, o Banco do Brasil, por força da Lei nº 4.182 de 1920, era a autoridade monetária. Sendo que, hoje, há o banco central que organiza a relação interbancária de outras instituições, faz a regulação das operações cambiais.

Dessa forma, Franco (2017, p.296) assevera:

> O Banco do Brasil já exercia a autoridade monetária enquanto fornecia serviços financeiros aos seus correntistas, e através de tal prática gerou a formação de institutos que afetavam diretamente o mercado de crédito no País. Dessa forma, foi criada uma carteira de emissão e redescontos prevista no artigo 9º da Lei nº 4.182 de 1920, então se criou uma relação entre um banco comercial e o Tesouro Nacional, e isto permitiu que o Banco do Brasil pudesse beneficiar determinados setores e atividades, como o uso do crédito a juros.

O certo é que foi em Bretton Woods que, de fato, impulsionou-se a formação de um banco central no Brasil, por meio da Conferência em 1944. Logo surgiu a lei que instituiu o Banco Central da República do Brasil, a Lei nº 4.595 de 1964, sancionada apenas às vésperas de 1965.

Segundo Franco (2017), durante o processo da instituição do banco central, houve a criação da Superintendência da Moeda e do Crédito (SUMOC), por meio do Decreto-Lei nº 7.293, de 1945, já com o objetivo imediato de exercer o controle do mercado monetário e preparar a organização do Banco Central.

Por sua vez, Corazza (2007) menciona que:

> Apesar de tantas mudanças o Banco do Brasil não se enfraqueceu, visto que administrava as contas referentes ao depósito compulsório através do Decreto-Lei nº 7.293 de 1945, e assim mesmo permanecia um banco comercial com o poder econômico grande na época. (Corazza, 2007, p.03).

Contudo, afirma Franco (2017):

> Em um período de 20 anos foi discutida no Brasil a formulação do seu banco central, pois desde o início da República, o brasileiro estava familiarizado com a alta inflação, uma correção monetária que aumentava consideravelmente o valor da dívida pública, ocorrendo por conveniência ao Tesouro e gerando prejuízo aos credores. (Franco, 2017, p.33).

De Paula e Bruno (2017) afirmam que a taxa de juros brasileira é de causar discórdia para quem depende dos serviços bancários, visto que, mesmo considerando os argumentos dos economistas neoliberais sobre o risco fiscal, político, cambial, os quais seriam motivo para justificar essa taxa de juros real, ainda assim o Brasil está à frente de outros países com condições econômicas semelhantes.

De acordo com Rodriguez (2023), a política monetária brasileira é um dos principais exemplos de comportamento da taxa de juros divergentes da expansão da produção e do crescimento de riqueza reais, sendo que o Banco Central do Brasil é responsável por essa política monetária conservadora, já que os governos perdem o domínio de ação para conduzir uma política econômica em defesa do investimento, da produção e do emprego.

Para manter a soberania nacional, os bancos centrais necessitam de mais espaço na política monetária, ou seja, poder e legitimidade para adotar medidas mais duras, pois eles ditam aos mercados, na área financeira, quais são as condições nas quais irão exercer seus negócios.

Rodriguez (2023) destaca que os bancos centrais são apoiados em narrativas de credibilidade e transparência e, assim, atuam sob pressão dos agentes do mercado financeiro. Se não for dessa forma, o banco central corre o risco de perder credibilidade no mercado financeiro.

Palley (2019) analisa a ideia de que os bancos centrais não precisam consultar o governo ou representantes da sociedade civil para decidir a política monetária. Dessa forma, além das informações das instituições financeiras, os bancos centrais se baseiam em seus próprios relatórios e de outros bancos centrais para as decisões de política monetária. Essa forma de política monetária torna legítimo e institucionaliza a falta de transparência e obrigações do banco central com a sociedade.

Na visão de Rossi (2022), se a política monetária do banco central sofrer desproporções de renda em favor de um e em detrimento de outros, há consequências políticas, pois a disputa pelos objetivos do banco central é uma disputa de natureza política em defesa dos interesses dos rentistas e das instituições financeiras.

Ainda no entendimento de Atillio (2019), a taxa de juros é considerada resistente a quedas significativas. Com o passar do tempo, sofre algumas reduções, assim como também apresenta elevado valor e, podendo haver elevações que mais do que compensam a queda inicial, isto é justificado por meio da falta de estabilidade macroeconômica.

Ainda para o autor, o país deve apresentar fundamentos econômicos compatíveis com quedas estruturais da taxa de juros. Se não houver redução dessa taxa, ocorre uma pressão da inflação. A exemplo desse argumento, pode-se destacar o Plano Real, de 1994. Com o aumento da inflação, o Brasil avançou na questão da estabilidade econômica em relação a nações mais desenvolvidas.

INTERESSE ECONÔMICO X TUTELA DO VULNERÁVEL

Primeiramente, pode-se falar que a proteção do consumidor, no Brasil, está baseada em uma lei de ordem pública e função social, com valores fundamentais baseados na Constituição, aos quais não podem ser afastados pela vontade das partes, em virtude da norma de ordem pública. (Bosh e Capaña, 2020, p.70)

Os autores citam o artigo 4º da Lei 8.078, pois este estabelece uma Política Nacional das Relações de Consumo, de interesse público, com objetivos e princípios que servem de direção para a devida aplicação e interpretação de todas as normas que compõem o sistema de proteção do consumidor (Bosh e Capaña, 2020, p.70).

Para Bosh e Capaña (2020, p.70):

> Nas relações de consumo são estabelecidos valores, princípios com cláusulas gerais, conceitos abertos e indeterminados atendendo as necessidades dos consumidores, respeito e proteção à sua dignidade, saúde, segurança, proteção dos seus interesses econômicos e melhoria da sua qualidade de vida, serve de proteção, chamando a atenção para uma relação de transparência entre consumidor e fornecedor.

Eles destacam a busca pelo equilíbrio das relações de consumo, tendo como objetivo uma relação harmônica entre consumidores e fornecedores. Dessa forma, o consumidor é considerado a parte vulnerável na relação jurídica de consumo. Já o fornecedor também necessita de uma relação harmônica, visto que ajuda no desenvolvimento e crescimento econômico do país.

Segundo Cavalieri Filho (2014), na política Nacional de Consumo, embora inspirada na reconhecida necessidade de tutelar a parte mais vulnerável das relações de consumo, não há favoritismo para o consumidor. Para muitos, é considerada uma política apenas para o consumidor, sendo que não é dessa forma, já que há outra parte da relação que é o fornecedor.

Por mais que o consumidor seja considerado como parte vulnerável na relação de consumo, também há uma preocupação com o fornecedor, pois é necessário fazer análise do equilíbrio das relações. Contudo, o Código Civil está para auxiliar nessa relação, para fazer a proteção ao consumidor se utilizando da boa-fé como seu princípio basilar.

Para Cavalieri Filho (2014), a Política Nacional das Relações de Consumo tem como objetivo a harmonia da relação entre consumidor e fornecedor, sendo que também é um dos princípios desta mesma política de acordo com o inciso III do artigo 4º do CDC. Acompanhando esta harmonização dos interesses dos participantes da relação de consumo, juntamente com a proteção do consumidor, estes são necessários para o desenvolvimento do país, baseados no princípio da Política Nacional das Relações de Consumo, considerado como o princípio de maior relevância dentro da relação de consumo.

Portanto, Cavalieri Filho (2014) fala da importância das relações jurídicas de consumo harmoniosas e do sistema protetivo do consumidor, juntamente com o crescimento econômico e tecnológico do país. Com base na boa-fé e no equilíbrio destas relações é que estará, de fato, realizada a proteção do consumidor para o desenvolvimento econômico do país.

O EFEITO DA CAPITALIZAÇÃO DE JUROS SOBRE OS CONTRATOS BANCÁRIOS

A sociedade vive a era das relações de massa, na qual a rapidez com que as transações são feitas pelo e-comerce (por exemplo) é tamanha, que a legislação não é capaz de acompanhar essas mudanças. Nesse interim, cabe fazer uma breve distinção entre os juros.

Sobre juros compensatórios (remuneratórios), usando-se a conceituação de Farias (2011, p.56):

> Pode-se conceituar "juros remuneratórios" como o preço do uso do capital, que remunera o credor por ficar privado do capital, pagando o credor pelo risco de não o receber de volta. Juros remuneratórios podem ser compostos anualmente (art. 591 CCB).

Os chamados juros moratórios, que incidem em caso de atraso na restituição dos juros compensatórios ou se uma obrigação for descumprida, constitui uma compensação conferida ao credor pelo risco que corre com o empréstimo de seu capital. No Brasil, por força da lei 4595/64, o exercício da atividade bancária depende de autorização estatal, cuja materialização se dá através da instituição bancária.

Tecnicamente falando, ocorre a capitalização de juros toda vez que a taxa de juros incide sobre o montante da dívida a ser efetivamente adimplida por parte do consumidor. Todavia, a forma da incidência refletirá diretamente no valor total a ser pago pelo consumidor-bancário. Essa incidência será de forma simples (aumento linear) ou de forma composta (aumento exponencial).

Na linguagem forense, capitalização de juros significa juros compostos, mas também é conhecido como sistema francês de amortização, também chamado de juros sobre juros. Esse tipo de incidência dos juros faz que o consumidor pague um valor muito desproporcional ao valor que foi tomado inicialmente. A capitalização de juros é, no Brasil, incidente em contratos bancários e financeiros, especialmente em empréstimos, financiamentos e investimentos. Como já mencionado anteriormente, ela se refere à prática de adicionar os juros acumulados ao principal (o valor inicial) em intervalos regulares, formando, assim, um novo montante sobre o qual os juros futuros serão calculados. Isso resulta em juros sobre juros, ao qual o consumidor bancário fica obrigado a suportar. Lançando-se mão do conceito de Waisberg (2021, p.89):

> Capitalização é um mecanismo incidente sobre os encargos de juros, também previsto contratualmente, que tem por escopo a incidência de cálculo de juros sobre os juros já anteriormente calculados, somando-se ao montante de capital descoberto. Assim, "[n]a prática, o cálculo abrange o vencimento dos novos juros sobre o capital aumentado com os juros anteriores, ou juros sobre juros, que é o mesmo que juros de juros, levando a chegar-se numa taxa mais elevada, constituindo a capitalização ou anatocismo". Trata-se de uma prática que encontra uma série de restrições em diversos casos, inclusive no direito comparados, mas, a depender do caso, pode ou não ser considerada ilegal, dependendo, novamente, da análise caso a caso quando estudada na prática das operações bancárias.

O artigo 52, inciso V, do código de defesa do consumidor é muito claro quanto à sua disposição sobre o tema, apesar do erro da técnica legislativa que ali ocorre uma vez que a terminologia usada (financiamento) deveria ser entendida como capitalização. Esse dispositivo informa, de forma nítida, que o consumidor tem o direito de saber quanto vai pagar ao final do financiamento ou do empréstimo.

O total que ele vai repassar para a instituição financeira com a capitalização de juros, bem como sem essa capitalização. Veja-se que está claro, diretamente no código de defesa do consumidor, que institui normas de ordem pública.

Mas esse dispositivo acaba passando ao largo das discussões judiciais, apesar dos advogados levarem esse dispositivo à apreciação judicial. Os tribunais acabam se omitindo quanto a esse direito lá, disciplinado. Torna-se difícil a compreensão por parte do consumidor bancário entender o que é a capitalização de juros, juros sobre juros, juros compostos.

Capitalização de juros, juros sobre juros, juros compostos, são termos usados para definir o mesmo instituto, conforme Farias (2011, p.54):

> É denominado regime de juros compostos aquele onde os juros relativos a cada período são calculados sobre o montante referente ao período anterior. Neste regime de juros, o resultado dos juros de cada período é incorporado ao capital inicial, gerando um novo montante para o período seguinte.

Sobre o tema, Machado (2020, p.109) afirma que:

> A capitalização dos juros é um dos assuntos que mais recebem discussões na justiça. Isso acontece porque diversas leis e medidas provisórias são citadas ora para argumentar a favor dessa operação, ora para mostrá-la ilegal, considerando-se que pode levar ao enrique cimento ilícito de quem a pratica, bem como por tornar a dívida impagável para o consumidor. Anatocismo pela própria etimologia do nome, significa USURA, ou a contagem de juros dos juros. Sua cobrança ou exigência de juros acumulados, ainda que pactuada, dependendo do caso pode sim, ser considerada ilegal. A capitalização de juros somente é possível em casos de expressa previsão legal, cumprindo a velha máxima de direito público que permite praticar somente atos previstos em lei, ao contrário do direito privado onde é permitido tudo o que a lei não veda. Dessa forma, permitida a cobrança de juros sobre juros nos casos de título de crédito à

> exportação, por exemplo, lei 6.313/75, não é permitida para contrato de mútuo bancário e contrato de abertura de conta de cheque especial. Neste contexto, é sabido que as instituições bancárias, conforme linha de crédito concedida, fixam uma forma de remuneração de capital emprestado, e impõem determinadas condições, inclusive a capitalização mensal e diária, mesmo sabendo das disposições proibitivas do decreto 22.626/33, no seu artigo 4° que trata a Lei de Usura.

A inclusão da capitalização de juros, nos contratos bancários, de maneira não prevista na lei, eleva os dividendos das instituições bancárias e acaba rompendo o princípio do equilíbrio contratual. Dessa forma, elas exercem sua força impositiva de forma excessiva, prejudicando interesses legítimos, violando a equidade e a justiça em relação aos seus clientes.

No contexto de contratos bancários com capitalização de juros, o abuso do direito surge quando a instituição bancária utiliza a cláusula de capitalização de juros de forma excessiva ou desproporcional. Essa prática leva a um crescimento exponencial da dívida, especialmente quando aplicada em intervalos curtos de tempo, como a capitalização diária.

Para Machado (2020), em regra, a capitalização de juros é proibida no Brasil, a teor do Decreto 22.626/33 (chamada lei da usura) recepcionado com a força de lei complementar pelo art. 192 da constituição federal. Tal norma regulamenta as taxas de juros em contratos financeiros. Foi promulgado com o objetivo de coibir práticas abusivas de cobrança de juros excessivos e proteger os devedores contra taxas consideradas usurárias, ou seja, excessivas e prejudiciais. Todavia, o STJ tem o entendimento de que essa norma não se aplica às instituições bancárias.

Nesse sentido, Abrão (2019, p. 445) destaca que:

> No entendimento do Superior Tribunal de Justiça (AgREsp 523.486/3-11-2003, Rel. Min. Fernando Gonçalves) restou assentado que,

> em elação ao contrato de crédito bancário, a respectiva capitalização mensal somente é admitida em casos bastante específicos (cédulas de crédito rural, Comercial e industrial), havendo em relação aos demais a restrição da letra do art. 4º do Decreto n. 22.626/33 e a Súmula 121 do STF. As instituições financeiras, incluídas as administradoras de cartão de dito, não ficam submetidas às restrições constantes na Lei de Usura, em sonância com as Súmulas 283 do STJ e 596 do STF.

Há que se diferenciar montante de juros e taxa de juros, eis que esta corresponde ao valor percentual incidente sobre a dívida e aquele se refere ao valor total a ser pago. A diferença entre montante de juros e taxa de juros é fundamental para entender os cálculos financeiros e a aplicação de juros em diferentes contextos. Logicamente são institutos ligados umbilicalmente, pois a forma de incidência da taxa de juros refletirá no aumento do montante a ser pago.

A taxa de juros é a porcentagem do valor principal (ou do saldo) que é cobrada ou paga como juros durante um determinado período de tempo, pois ela representa a taxa pela qual os juros são aplicados a um empréstimo, investimento ou valor depositado. A taxa de juros é o fator que determina o valor dos juros que serão ganhos ou pagos em relação ao valor principal, é expresso como uma porcentagem do valor principal e geralmente é definido aproximadamente ou para um período específico.

O montante de juros é o valor total de juros acumulado sobre o valor principal durante um determinado período de tempo. Ele representa um valor real que se ganhou (em um investimento) ou se pagou (em um empréstimo) em termos de juros. O montante de juros é calculado multiplicando o valor principal pela taxa de juros e pelo período de tempo durante o qual os juros são aplicados.

Segundo Fernandes (2022), em se falando de limites da pactuação de juros:

> Para que seja reconhecida a configuração da abusividade, é necessário que a taxa de juros seja capaz de colocar o consumidor em desvantagem exagerada, e assim possa ser realizada a revisão da taxa de juros, sendo assim o exige o Superior Tribunal de Justiça maior atenção nas argumentações no judiciário. (Fernandes, 2022, p.42).

Nesse sentido, Fernandes (2022) afirma que:

> Há existência do Tema Repetitivo nº 24, ao qual o Superior Tribunal de Justiça firmou a tese de que as instituições financeiras não se sujeitam à limitação dos juros remuneratórios estipulada na Lei de Usura, logo se analisa o conteúdo da Súmula nº 596 do Supremo Tribunal Federal que se refere a uma eventual configuração de abusividade, ao qual a corte firmou a tese de que a estipulação de juros remuneratórios superiores a 12% ao ano, por si só, não indica abusividade. (Fernandes, 2022, p.42).

Em destaque, Fernandes (2022) cita:

> Outra controvérsia no Superior Tribunal de Justiça, ainda que menos frequente, estava relacionada à limitação da taxa de juros de contratos bancários com base no disposto nos art. 406 e 591 do Código Civil: Art. 406. Quando os juros moratórios não forem convencionados, ou o forem sem taxa estipulada, ou quando provierem de determinação da lei, serão fixados segundo a taxa que estiver em vigor para a mora do pagamento de impostos devidos à Fazenda Nacional. [...] Art. 591. Destinando-se o mútuo a fins econômicos, presumem-se devidos juros, os quais, sob pena de redução, não poderão exceder a taxa a que se refere o art. 406, permitida a capitalização anual. Dessa forma, para o Tema Repetitivo nº 26 foi firmada a tese de que "são inaplicáveis aos

juros remuneratórios dos contratos de mútuo bancário as disposições do art. 591 c/c o art. 406 do CC/02." (Fernandes, 2022, p.43).

Assevera Fernandes (2022, p. 45) que:

> Os limites presentes no Código Civil são argumentos pouco frequentes nos pedidos de revisão de contratos bancários, pois o Superior Tribunal de Justiça teve que endereçar outra controvérsia relacionada. Sendo, que no entendimento de que em situações específicas se utiliza a taxa SELIC como taxa de juros moratórios para obrigações com a Fazenda Pública, assim tornou-se frequente o pedido de limitação de juros em contratos bancários com base na taxa SELIC.

No mesmo sentido, Fernandes (2022) faz análise do Recurso Especial nº 1.061.530/RS:

> A corte entendeu que é inviável utilizar a taxa SELIC como referência de abusividade, uma vez que ela indica apenas o menor custo, ou um dos menores custos, para a captação de recursos pelas instituições que compõem o Sistema Financeiro Nacional. Sendo, assim com a sua adoção como parâmetro de abusividade elimina o "spread" e não resolve as intrincadas questões inerentes ao preço do empréstimo. (FERNANDES, 2022, p. 44).

Sobre a taxa Selic, Medeiros, Barbosa e Lopes (2019) assim a definem:

> A taxa Selic (Sistema Especial de Liquidação de Custódia) é a taxa básica de juros da economia. É o principal instrumento de política monetária utilizada pelo Banco Central do Brasil (BACEN) para

controlar a inflação. Ela influencia todas as taxas de juros do país, como as taxas de juros dos empréstimos, dos financiamentos e das aplicações financeiras. (BACEN, 2019). Essa taxa é considerada pelo referido banco um instrumento de política monetária, objetivando a conversão de metas para a inflação do Brasil, por meio da taxa de juros.

De acordo com Barros (2023), a função precípua do Banco Central brasileiro é realizar o controle da inflação, tendo em conta a sua meta estabelecida pelo CMN (Conselho Monetário Nacional), pois o Copom (Comitê de Política Monetária) do banco visa estabelecer a taxa básica de juros (Selic), instrumento pelo qual a inflação é controlada em direção à sua meta.

Para Rossi (2015, p. 710), em se tratando da taxa de juros no Brasil, o mercado de câmbio tem como característica importante uma liquidez muito maior no mercado futuro do que no mercado à vista, pois a diferença regulatória entre os mercados à vista e futuro explica a maior liquidez.

Segundo Rossi (2015, p.719):

> A formação de posições no mercado de câmbio à vista é restrita a instituições bancárias e corretoras especializadas, que devem ter autorização do Conselho Monetário Nacional e suas operações formalizadas em contratos de câmbio e registradas no SISBACEN. Já no mercado futuro da BM&F qualquer agente pode formar posições abertas em dólar futuro, desde que cadastrado no sistema dessa instituição. As menores exigências regulatórias e a facilidade de acesso condicionam a atuação dos agentes do mercado de câmbio e atraem investidores estrangeiros para a negociação da moeda brasileira no mercado futuro.

Os juros remuneratórios de um contrato estão condicionados aos valores que o cliente paga à instituição financeira com o objetivo de remunerar o dinheiro emprestado durante o período da contratação, mas há os juros de mora, que são cobrados pela inadimplência do pagamento de tal prestação.

Sendo que as instituições financeiras são regidas pela Lei 4.595/64, ao qual não é aplicada a limitação de juros de 12% (doze por cento) ao ano, prevista na Lei de Usura, conforme orientação do Supremo Tribunal Federal constante do verbete sumular de número 596.

PRECEDENTES QUALIFICADOS DO SUPERIOR TRIBUNAL DE JUSTIÇA EM SEDE DE CAPITALIZAÇÃO DE JUROS

No antigo CPC, o sistema processual brasileiro confundia jurisprudência com precedentes, tratando-se como tal qualquer decisão judicial anterior ao caso que servisse de parâmetro para a nova decisão, pouco importando, inclusive, se aquela fosse uma única decisão que servisse para justificar a conclusão, ainda que não houvesse conexão com a nova decisão.

Não se pode dizer que o fato de um banco figurar em um dos pólos da relação contratual já o torna, necessariamente, em contrato de natureza bancária, como, por exemplo, um contrato de aluguel em que o banco o faz para usar um imóvel para exercer a sua função. Para que o contrato tenha natureza bancária, é preciso que ele trate de coleta, intermediação de recursos, a teor do art. 17 da lei 4595/64.

A legislação permite aos bancos a possibilidade de se capitalizar juros nos termos do art. 5º da MP 2170-36/2001 e do art. 28 da lei 10.931/04, a seguir reproduzidos:

> MP 2170-36/2001: Art. 5º Nas operações realizadas pelas instituições integrantes do Sistema Financeiro Nacional, é admissível a

> capitalização de juros com periodicidade inferior a um ano. Parágrafo único. Sempre que necessário ou quando solicitado pelo devedor, a apuração do valor exato da obrigação, ou de seu saldo devedor, será feita pelo credor por meio de planilha de cálculo que evidencie de modo claro, preciso e de fácil entendimento e compreensão, o valor principal da dívida, seus encargos e despesas contratuais, a parcela de juros e os critérios de sua incidência, a parcela correspondente a multas e demais penalidades contratuais.

Ainda, de acordo com a clara previsão da Lei 10.931/04:

> Art. 28. A Cédula de Crédito Bancário é título executivo extrajudicial e representa dívida em dinheiro, certa, líquida e exigível, seja pela soma nela indicada, seja pelo saldo devedor demonstrado em planilha de cálculo, ou nos extratos da conta corrente, elaborados conforme previsto no § 2º. § 1º Na Cédula de Crédito Bancário poderão ser pactuados: I - os juros sobre a dívida, capitalizados ou não, os critérios de sua incidência e, se for o caso, a periodicidade de sua capitalização, bem como as despesas e os demais encargos decorrentes da obrigação;

A capitalização de juros em contratos bancários não é uma obrigação imposta pela legislação, mas sim uma opção que pode ser acordada entre as partes. No Brasil, o Superior Tribunal de Justiça (STJ) tem se manifestado sobre essa questão e estabelecido determinados parâmetros e critérios para a capitalização de juros desde que haja expressa pactuação a esse respeito, não devendo, apenas, ser uma mera informação.

Consoante sistema de precedentes positivados em nosso sistema jurídico com a edição do Novo Código de Processo Civil, nos termos do Art. 927, III, c/c Art. 928 do respectivo códex, os juízes e tribunais deverão observar as decisões proferidas em recurso especial repetitivo:

> Art. 927. Os juízes e os tribunais observarão:
>
> (...)
>
> III - os acórdãos em incidente de assunção de competência ou de resolução de demandas repetitivas e em julgamento de recursos extraordinário e especial repetitivos;
>
> (...)
>
> Art. 928. Para os fins deste Código, considera-se julgamento de casos repetitivos a decisão proferida em:
>
> I - incidente de resolução de demandas repetitivas;
>
> II - recursos especial e extraordinário repetitivos.
>
> Parágrafo único. O julgamento de casos repetitivos tem por objeto questão de direito material ou processual.

Nas palavras de Humberto Theodoro Júnior (2021, p.435),

> É importante ressaltar que a valorização da jurisprudência, seja por meio das súmulas, seja por força dos precedentes, não amplia os poderes do juiz, pelo contrário, é uma forma de garantir limites à atividade criativa do julgador. Assim, a jurisprudência não se transforma em fonte primária ou originária de direito. Sua função sempre foi, e continua sendo, interpretar, clarear e uniformizar a aplicação da lei.

Dessa forma, verifica-se que o precedente tem a função de uniformizar a aplicação da Lei. Os precedentes do Superior Tribunal de Justiça, com base na legislação civil e no código de defesa do consumidor, vão no sentido de que é necessária a expressa pactuação para que haja a capitalização de juros.

Precedentes do STJ sobre expressa pactuação quanto à capitalização de juros.		
Tema	Tese firmada	Trânsito em julgado
246	É permitida a capitalização de juros com periodicidade inferior a um ano em contratos celebrados após 31.3.2000, data da publicação da Medida Provisória n. 1.963-17/2000 (em vigor como MP 2.170-36/2001), desde que expressamente pactuada.	27.11.2012
247	A capitalização dos juros em periodicidade inferior à anual deve vir pactuada de forma expressa e clara. A previsão no contrato bancário de taxa de juros anual superior ao duodécuplo da mensal é suficiente para permitir a cobrança da taxa efetiva anual contratada.	27.11.2012
953	A cobrança de juros capitalizados nos contratos de mútuo é permitida quando houver expressa pactuação.	03.05.2017

Fonte: o Autor.

Além dos temas acima elencados, tem-se a súmula 539 do Superior Tribunal de Justiça que assim preconiza também:

> É permitida a capitalização de juros com periodicidade inferior à anual em contratos celebrados com instituições integrantes do Sistema Financeiro Nacional a partir de 31/3/2000 (MP n. 1.963-17/2000, reeditada como MP n. 2.170-36/2001), desde que expressamente pactuada.

Mas o que seria: expressa pactuação da capitalização dos juros? Como fazer essa definição e trazer segurança jurídica aos consumidores bancários?

Nessa esteira, o Superior Tribunal de Justiça deixa claro que o contrato deve retratar uma situação de coordenação e não uma relação de subordinação entre as partes.

O Ministro Marco BuziI, em seu voto, retrata o seguinte:

> (...) Analisa-se, primeiramente a questão afeta à legalidade da cobrança do encargo capitalização de juros, por consistir na tese submetida a julgamento nos moldes de recurso repetitivo, nos termos dos artigos 1036 e seguintes do CPC/2015.
>
> (...) A existência de uma norma permissiva, portanto, é requisito necessário e imprescindível para a cobrança do encargo capitalização, porém não suficiente/bastante, haja vista estar sempre atrelado ao expresso ajuste entre as partes contratantes, principalmente em virtude dos princípios da liberdade de contratar, da boa-fé e da adequada informação.
>
> (...) Por estas razões, em não havendo expressa pactuação do encargo, a sua cobrança é obstada, principalmente porque pela simples leitura dos preceitos legais incidentes à espécie, notadamente o art. 4° do Decreto 22.626/1933 e o art. 591 do Código Civil de 2002, é irrefutável que os dispositivos aludem a que os contratantes permitem/assentem/autorizam/consentem/concordam com o cômputo anual dos juros. Entretanto, não afirmam, nem sequer remota ou implicitamente, que a cobrança do encargo possa se dar automaticamente, ou seja, não determinam que a arrecadação seja viabilizada por mera disposição legal (ope legis), pois se assim fosse teriam os julgadores o dever de, inclusive de ofício, determinar a incidência do encargo, ainda que ausente pedido das partes.

> (...) não é pela circunstância de a lei autorizar a sua cobrança que será automaticamente devida pelo tomador do empréstimo em qualquer dessas modalidades.
>
> (...) Corroborando essa compreensão, verifica-se ter esta Corte Superior entendimento agora pacífico no sentido de que a capitalização anual de juros somente pode ser admitida quando haja expressa pactuação entre as partes, o que não se afasta da compreensão estabelecida pelo artigo 591 do Código Civil no sentido de que "destinando-se o mútuo a fins econômicos, presumem-se devidos juros, os quais, sob pena de redução, não poderão exceder a taxa a que se refere o art. 406", taxa esta que no entendimento do STJ não vincula, em particular, as instituições financeiras, porquanto para estas, os juros remuneratórios, quando não tenham sido previamente ajustados, ficam limitados à média dos juros praticados no mercado.
>
> (...) Nessa medida, para a formação do precedente em recurso repetitivo, afirma-se a seguinte tese: "A cobrança de juros capitalizados nos contratos de mútuo é permitida quando houver expressa pactuação".

Conforme a ratio decidendi reproduzida acima, diz o ministro: "(...) Por estas razões, não havendo expressa pactuação do encargo, a sua cobrança é obstada (...)". É muito clara a posição do C. STJ: A capitalização de juros não se dá de forma automática.

Nos termos dessa ratio decidendi do recurso especial supramencionada, entende-se que por expressa pactuação significa que os contratantes (de forma coordenada e não subordinada) devem manifestar sua vontade no sentido de permitir/assentir/autorizar/consentir/concordar que os juros incidam de forma capitalizada.

A pactuação da capitalização dos juros deve ser feita de modo inequívoco, de forma clara, pois não basta apenas uma cláusula contratual camuflada informando tal situação, uma vez que isso representa um forte desequilíbrio contratual e reflete ganhos excessivos a favor da instituição bancária.

A capitalização de juros (tal como já mencionado) não se dá de forma automática, pois entende-se que, por expressa pactuação, significa que os contratantes (de forma coordenada e não subordinada) devem manifestar sua vontade no sentido de permitir/assentir/autorizar/consentir/concordar que os juros incidam de forma capitalizada. A pactuação da capitalização dos juros deve ser feita de modo inequívoco, pois não basta apenas uma cláusula contratual camuflada informando tal situação.

Os dois grandes princípios embasados da relação contratual são os do equilíbrio entre as partes (não igualdade) e o da boa-fé. Para a manutenção do equilíbrio, temos dispositivos que vedam a existência de cláusulas abusivas que, por se tratar de direito fundamental, a defesa do consumidor, são normas cogentes cujo regramento constitucional e legal tem como destinatário a proteção do consumidor. Conforme entendimento dos precedentes do STJ, a garantia mínima do consumidor é que a capitalização dos juros seja expressamente pactuada.

DISCUSSÃO DOS RESULTADOS

Diante dos precedentes do STJ contidos nos temas 246, 247, e 953, que permitem a capitalização de juros com periodicidade inferior a um ano em contratos celebrados após 31.3.2000, data da publicação da Medida Provisória n. 1.963-17/2000 (em vigor como MP 2.170-36/2001), desde que expressamente pactuada, analisou-se a evolução da taxa média de juros aplicada ao consumidor bancário.

Há que se observar, também, o precedente 247 do STJ. que:

> Complementa a ação do Poder Judiciário junto ao CDC e ao Código Civil na capitalização dos juros em periodicidade inferior à anual deve vir pactuada de forma expressa e clara. A previsão no contrato bancário de taxa de juros anual superior ao duodécuplo da mensal é suficiente para permitir a cobrança da taxa efetiva anual contratada. (Acórdão 1352187, 07053866420208070012, Relator: SIMONE LUCINDO, 1ª Turma Cível, data de julgamento: 30/6/2021, publicado no PJe: 9/7/2021. Pág.: Sem Página Cadastrada.)

Além disso, o tema 953 do STJ, o qual permite cobrança de juros capitalizados nos contratos de mútuos permitidos quando houver a expressa pactuação. Contudo, a capitalização de juros em contratos bancários não é uma obrigação imposta pela legislação, mas sim uma opção que pode ser acordada entre as partes.

Discutiu-se, nesta obra, a relação havida entre o consumidor e a instituição bancária decorrente do contrato de empréstimo concedido à pessoa física. Analisou-se que, para que haja a capitalização de juros, é necessária expressa pactuação entre as partes no acordo de vontade entabulado. A relação entre o consumidor e a instituição bancária reside no âmbito do direito material, na relação diária entre as partes e é nesta situação que surge a vulnerabilidade do consumidor, pois ele adere a um contrato de adesão.

Os precedentes contidos nos temas 246, 247 e 953 do STJ têm o trânsito em julgado no período compreendido entre 27.11.2012 e 03.05.2017. Nesse período, a taxa média de juros aumentou em 76,74% (fev/2017), em seguida houve uma pequena queda, conforme aponta o gráfico abaixo:

Imagem 01

Gráfico da taxa média de juros de 2012 - 2017

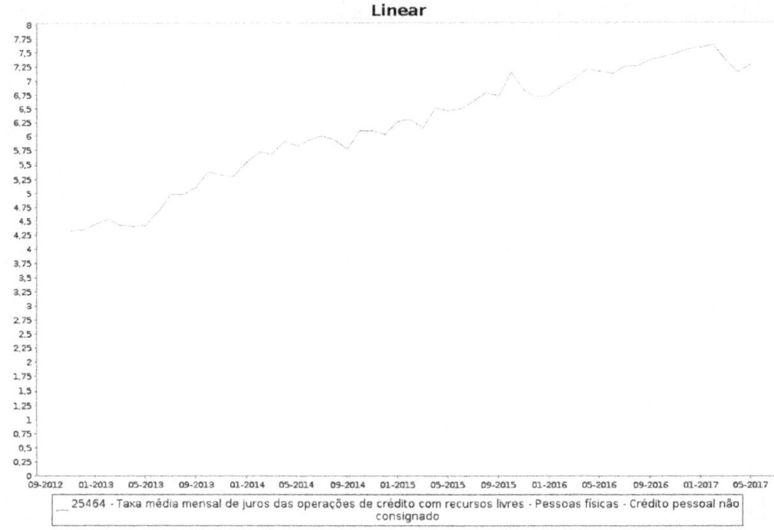

Fonte: Banco Central do Brasil.

Na data de 27.11.2012 (início da vigência dos temas 246 e 247 do STJ), a taxa média de juros era de 4,33% a.m. Em 07.05.2017 (relativo ao tema 953 STJ), a taxa média de juros era 7,29% a.m. Isto representa um aumento de 68,36% da taxa média de juros aplicados ao consumidor bancário.

Aqueles precedentes fixados impediram que o código de defesa do consumidor fosse aplicado em sua integralidade à parte vulnerável no que tange aspecto material, bem como a parte hipossuficiente, quanto em aspecto processual.

Apesar da legislação, obter entendimento relativo com relação às operações de crédito bancário, ela não tem aplicação automática em todos os contratos, pois deve vir de forma expressamente pactuada como abordam os temas referentes a essa questão tratada pelo STJ.

Apesar da legislação consumerista dar guarita à proteção do consumidor, bem como, na atualidade, os precedentes terem a função de dar segurança jurídica às relações havidas entre as partes, o consumidor acabou sendo prejudicado quando da aplicação judicial dos precedentes qualificados do Superior Tribunal de Justiça.

O questionamento surge no caso de pessoa física, pois não incide de forma concreta no percentual da taxa juros aplicada, bem como não há tantas informações quanto ao contrato nas cláusulas contratuais de forma esclarecida. Logo, fica evidente a falta do comprometimento da boa-fé objetiva e do equilíbrio financeiro do contrato.

Para o Banco Central (2022), é de grande importância realizar a manutenção do equilíbrio financeiro dos contratos privados, como é o caso do contrato bancário, pois implica na manutenção de sua função social, bem como na possibilidade de relativização de seu conteúdo por parte do Poder Judiciário e assim tornar-se parte legítima na relação contratual quando as taxas forem abusivas e o consumidor se sentir lesado.

O código de processo civil passou a se preocupar cada vez mais com a estabilidade, a integridade e a coerência das decisões dentro de um mesmo tribunal para evitar discrepâncias de entendimentos completamente diferentes sobre uma mesma situação. Os cidadãos pautam as suas ações ou omissões por meio das normas em curso: o que não é proibido é permitido. A previsibilidade, ou seja, como o tribunal está entendendo determinada questão, é crucial para que o consumidor bancário busque (ou não) a tutela jurisdicional em seu favor.

A taxa SELIC é o básico dos juros da economia, a qual influencia outras taxas de juros do país, como taxas de empréstimos, financiamentos e aplicações financeiras. Sendo, considerada a principal fonte de instrumento de política monetária utilizada pelo Banco Central para controlar a inflação. Com dados atualizados do Banco Central (2022), percebeu-se que houve um aumento registrado, no ano de 2022, com relação aos juros bancários médios, pois subiram mais do que a taxa básica da economia. A taxa Selic avançou 4,5 pontos percentuais (de 9,25% para 13,75% ao ano) no mesmo período.

CONSIDERAÇÕES FINAIS

Apesar da tutela do consumidor ter previsão constitucional em favor do consumidor, bem como os precedentes judiciais surgirem da insegurança jurídica, verifica-se que os temas 246, 247 e 958 do STJ acabaram por prejudicar o consumidor, uma vez que, no período de 2012-2017, houve um aumento na taxa média de juros referentes ao crédito concedido ao consumidor com relação à taxa de juros aplicada à pessoa física.

Sobretudo, tais precedentes fazem uma abordagem referente à possibilidade ou não de aumento da capitalização de juros mensais em contratos bancários, especialmente após a entrada em vigor do artigo 5° da Medida Provisória n. 2170-36/2001. Sendo que tais teses estão relacionadas à capitalização dos juros em periodicidade inferior à anual e deve vir pactuada de forma expressa e clara.

Sendo que há destaque, também, para o precedente 953 do STJ, a qual abre discussão sobre a possibilidade de cobrança de capitalização anual de juros independentemente de acordo entre as partes, pois a cobrança de juros capitalizados nos contratos de mútuo é permitida quando houver expressado a vontade entre as partes.

Segundo Rossi (2015), havendo uma relação divergente entre as taxas de juros e os volumes das operações de crédito, em função das garantias, tais questionamentos estão passíveis de chegar ao Poder Judiciário, nos Juizados Especiais, com relação aos contratos de crédito direto ao consumidor, cheque especial e cartão de crédito.

A discussão, para Rossi (2015, p.720), surge no caso de pessoa física, pois não incide de forma concreta no percentual da taxa de juros aplicada, bem como não há tantas informações quanto ao contrato nas cláusulas contratuais de forma esclarecida. Logo, fica evidente a falta do comprometimento da boa-fé objetiva e em relação ao equilíbrio financeiro do contrato para o consumidor.

É de grande importância realizar uma observação do equilíbrio financeiro dos contratos privados, como é o caso do contrato bancário, pois implica na manutenção de sua função social, bem como na possibilidade de relativização de seu conteúdo por parte do Poder Judiciário e assim tornar-se parte legítima na relação contratual quando as taxas forem abusivas e o consumidor se sentir lesado, se for o caso (Rossi, 2015, p.720).

Por sua vez, ainda que o consumidor seja considerado como parte vulnerável na relação de consumo, também há uma preocupação com o fornecedor, pois é necessário fazer análise do equilíbrio das relações. Contudo, o Código Civil está para auxiliar nessa relação, para fazer a proteção ao consumidor se utilizando da boa-fé como seu princípio basilar.

Analisar, também, a média da taxa de juros foi importante, visto que, com relação aos juros bancários, estes subiram mais do que a taxa básica da economia. Também a taxa Selic obteve um grande avanço, mas o objetivo da taxa SELIC, de acordo com o Banco Central,é conter as pressões da inflação, que teve um grande aumento em virtude da pandemia, desde então se observa a alta nos preços de mercado.

Em nossa análise, é de grande importância realizar uma observação do equilíbrio financeiro dos contratos privados, como é o caso do contrato bancário, pois implica na manutenção de sua função social, bem como na possibilidade de relativização de seu conteúdo por parte do Poder Judiciário e, assim, tornar-se parte legítima na relação contratual quando as taxas forem abusivas e o consumidor se sentir lesado, se for o caso. Os precedentes do STJ, em sede de capitalização de juros, entre 2012 e 2017, deram segurança jurídica para as instituições financeiras aumentarem suas taxas de juros, apesar da taxa SELIC não acompanhar aquele aumento.

REFERÊNCIAS

Abrão, N. (2019). Direito bancário. SaraivaJur.

Almeida, F. B. de. (2021). Direito do Consumidor. Saraiva Educação.

Alves, J. C. M. (1995). Direito Romano. Forense.

Aquino, L. G. de. (2021). Teoria Geral dos Contratos. Expert Editora Digital.

Araujo, E; Filho, N, H, B; Rossi, (2020). P. Ajuste da taxa de câmbio à paridade coberta da taxa de juro no Brasil. Disponível em: https://www.scielo.br/j/neco/a/YTLhV8QJjTZ9Chp6DJy9QTD. (Acesso em: 06. mar. 2024).

Atillio, L. A. (2019). A influência da financeirização sobre a taxa de juros real brasileira. Rev. Econ. Contemp., 24(3). Disponível em: https://www.scielo.br/j/rec/a/jvHPSCH7cyPWmTWNmZrWf9p/?format=pdf&lang=ptE40; E52; G10.

Azevedo, F. C.; Andreazza, C. M. (2021). A vulnerabilidade comportamental do consumidor. Revista dos tribunais online, 138, pp. 109 - 130.

Bahia, A. G. M. F. (2012). Recursos Extraordinários no STF e no STJ: conflito de interesses público e privado. Juruá.

Barros, G. S. C. (2023, maio). A polêmica sobre a taxa de juros no Brasil. Centro de Estudos Avançados em Economia Aplicada (Cepea). Disponível em: https://cepea.esalq.usp.br/upload/kceditor/files/Cepea_TAXA%20DE%20JUROS(1). Acesso em: 06. mar. 2024.

Bertolo, J. G. (2019). Manual prático do consumidor. São Paulo: JH Mizuno.

Bobbio, N. (1995). O positivismo jurídico: lições de filosofia do direito. Tradução de Márcio Pugliesi. Ícone.

Bona, C. D. (2007). União Européia e Mercosul: aproximações entre COMMON LAW e CIVIL LAW produzindo um novo sistema de direito [Dissertação de Mestrado, Universidade Federal de Santa Maria]. Santa Maria.

Bosch, M.; Capaña, C. M. C. (2020). A harmonia dos interesses dos consumidores e dos fornecedores em situação de crise decorrente da pandemia da Covid-19, São Paulo.

Brasil. Lei 8.078 de 11 de setembro de 1990. Dispõe sobre a proteção do consumidor e dá outras providências. Disponível em: https://www.planalto.gov.br. Acesso em: 25 de junho de 2023.

Brasil. Lei 8.245, de 18 de Outubro de 1991. Dispõe sobre as locações dos imóveis urbanos e os procedimentos a elas pertinentes. Disponível em: https://www.planalto.gov.br. Acesso em: 25 de junho de 2023.

Brasil. Lei 13.105. Código de Processo Civil. Disponível em: https://www.planalto.gov.br. Acesso em: 25 de junho de 2023.

Brasil. Lei 13.874, de 20 de setembro de 2019. Disponível em: https://www.planalto.gov.br. Acesso em: 25 de junho de 2024.

Brasil. MP 2170-36/2001. Dispõe sobre a administração dos recursos de caixa do Tesouro Nacional, consolida e atualiza a legislação pertinente ao assunto e dá outras providências. Disponível em: https://www.planalto.gov.br. Acesso em: 25 de junho de 2023.

Brasil. Lei 10.931/04. Dispõe sobre o patrimônio de afetação de incorporações imobiliárias, Letra de Crédito Imobiliário, Cédula de Crédito Imobiliário, Cédula de Crédito Bancário, altera o Decreto-Lei nº 911, de 1º de outubro de 1969, as Leis nº 4.591, de 16 de dezembro de 1964, nº 4.728, de 14 de julho de 1965, e nº 10.406, de 10 de janeiro de 2002, e dá outras providências. Disponível em: https://www.planalto.gov.br. Acesso em: 07 de setembro de 2023.

Brasil. Superior Tribunal de Justiça. Resp 1.388.972/SC. Recurso Especial Representativo de Controvérsia - artigo 1036 e seguintes do cpc/2015 - Ação Revisional de Contratos Bancários - Procedência da demanda ante a abusividade de cobrança de encargos - insurgência da casa bancária voltada à pretensão de cobrança da capitalização de juros. Disponível em: https://scon.stj.jus.br. Acesso em: 03 de novembro de 2021.

Brasil. Tribunal de Justiça do Rio Grande do Sul. Apelação Cível, Nº 50016563220238210165, Décima Quarta Câmara Cível, Tribunal de Justiça do RS, Relator: Roberto Sbravati, Julgado em: 14-08-2023. Data de Julgamento: 14-08-2023. Publicação: 14-08-2023. Disponível em: https://www.tjrs.jus.br. Acesso em: 15 de agosto de 2023.

Brasil. Tribunal de Justiça do Rio Grande do Sul. Apelação Cível, Nº 50809516720198210001, Terceira Vice-Presidência, Tribunal de Justiça do RS, Relator: Lizete Andreis Sebben, Julgado em: 14-08-2023. Data de Julgamento: 14-08-2023. Publicação: 14-08-2022. Disponível em: https://www.tjrs.jus.br. Acesso em 15 de agosto de 2023.

Brasil. Tribunal de Justiça de Santa Catarina. (TJSC), Apelação n. 5001434-15.2019.8.24.0135, do Tribunal de Justiça de Santa Catarina, rel. Guilherme Nunes Born, Primeira Câmara de Direito Comercial, j. 15-12-2022). Disponível em: https://www.tjsc.jus.br. Acesso em: 25 de junho de 2023.

Brasil. Superior Tribunal de Justiça. Resp 1566231, Rel. Min. Ricardo Villas Bôas Cueva, Terceira Turma, julgado em 01/03/2016. Disponível em: https://www.stj.jus.br. Acesso em: 24 de junho de 2023.

BRASIL. Superior Tribunal de Justiça. Súmula 539. É permitida a capitalização de juros com periodicidade inferior à anual em contratos celebrados com instituições integrantes do Sistema Financeiro Nacional a partir de 31/3/2000 (MP n. 1.963-17/2000, reeditada como MP n. 2.170-36/2001), desde que expressamente pactuada. (SEGUNDA SEÇÃO, julgado em 10/06/2015, DJe 15/06/2015). Disponível em: https://scon.stj.jus.br. Acesso em: 25 de junho de 2023.

Brasil. Superior Tribunal de Justiça. Súmula 07. A pretensão de simples reexame de prova não enseja recurso especial. Disponível em: https://scon.stj.jus.br. Acesso em: 25 de junho de 2023.

Brasil. Tribunal de Justiça do Piauí. Relatório de temas STF e STJ Direito Civil. Nugepnac do Piauí. 2023. Disponível em: https://www.tjpi.jus.br/portaltjpi/wp-content/uploads/2023/12/DIREITO-CIVIL. Acesso em: 13. Jan. 2024.

Bueno, C. S. (2017). Manual de direito processual civil. Saraiva.

Cabral, A. P. (2003, out/dez). Pelas asas de Hermes: a intervenção do amicus curiae, um terceiro especial. Revista de Direito Administrativo, 234. Rio de Janeiro, pp.111-141.

Canário, P. Supremo autoriza capitalização de juros em empréstimos bancários. Disponível em: < http://www.conjur.com.br/2015-fev-04/supremo-autoriza-capitalizacao-juros-emprestimos-bancarios.> Acesso em: 07. Jan. 2024.

Cavalieri Filho, S. Programa de direito do consumidor. Atlas.

Cavalcanti, M. (2015). Incidente de Resolução de Demandas Repetitivas e Ações Coletivas. Juspodivm.

Chaves, I. S. (2019). Precedentes judiciais no novo código de processo civil. Revista Âmbito Jurídico. São Paulo. Disponível em: <https://ambitojuridico.com.br>. Acesso em: 07. Jul. 2023.

Corazza, G. (2007). O Banco Central do Brasil - evolução histórica e institucional. UFRGS. Disponível em: http://cdn.fee.tche.br/jornadas/1/s3a4.pdf. Acesso em: 06. Mar. 2024.

Costa, J. W. P.; SANTOS, A. S. (2023). Análise comparativa dos regimes de capitalização simples e composta na matemática financeira [Trabalho de Conclusão de Curso de Graduação, Universidade Federal do Pará].

Dahinten, A. F.; Dahinten, B.F. (2016, Jul/Ago.). A proteção do consumidor enquanto direito fundamental: consolidação da noção de minímo existencial de consumo. Revista do direito do consumidor, Rio de Janeiro: Editora Revista dos Tribunais, Volume 106, pp. 01-14.

De Paula, L. F.; Bruno, M. (2017). Financeirização, coalização de interesses e taxa de juros no Brasil. Revista Princípios.

Didier Jr., F. (2015). Curso de Direito Processual Civil. Juspodivm.

Dorneles, R. M. (2003). A tutela administrativa do consumidor como paradigma aos países do MERCOSUL. Juruá.

Fachini, T. (2019). Jurisprudência: o que é, como usar e qual sua importância na advocacia. Projuris. São Paulo. Disponível em: <https://www.projuris.com.br>. Acesso em: 07. Jul. 2023.

Farias, T. Q. (2011). Dos juros. Anhanguera Editora Jurídica.

Farias, T. Q. (2019). Teoria e prática processual contra banco. Anhanguera Editora Jurídica.

Fernandes, P. T. (2022). A revisão judicial da taxa de juros em contratos bancários e os impactos financeiros da limitação à taxa média de mercado [Trabalho de Conclusão de Curso de Graduação, Universidade Federal de Santa Catarina]. Florianópolis.

Figueiredo, L. L., Figueiredo, R. L. (2019). Direito civil: contratos. Juspodiwm.

Franco, G., H. B. (2017). A moeda e a lei: uma história monetária brasileira (1933-2013). Zahar.

Fuga, B. A. S. (2020). Superação de precedentes: da necessária via processual e o uso da reclamação para superar e interpretar precedentes. Thoth (1ª reimpressão).

Gagliano, P. S., Filho, R. P. (2022). Manual de direito civil. Vol. Único. SaraivaJur.

Garcia, P. H. R. (2018). Fontes de integração do contrato de consumo. São Paulo. Tribunal de Justiça do Estado de São Paulo. Disponível em: jsp.jus.br/download/EPM/Publicacoes/ObrasJuridicas/cdc3.pdf?d=636680533763406696. Acesso em: 05. Jan. 2024.

Gomes, O. (2007). Obrigações. 17ª ed. rev. e atual., de acordo com o Código Civil de 2002 e com a Lei de Falências de 2005, por Edvaldo Brito, Rio de Janeiro: Ed. Forense.

Guimarães, C. F. G. (2017). Direito bancário: a eficácia horizontal dos direitos fundamentais e os precedentes vinculantes. Letras jurídicas.

Grinover, A. P. (2006). A inafastabilidade do controle jurisdicional e uma nova modalidade de autotutela (Parágrafos únicos dos artigos 249 e 251 do código civil). Forense..

Júnior, H. T. (2021). Curso de direito processual civil. Forense.

Júnior, O. W. H. (2013). A lei comum. E-book do Projeto Gutenberg sobre The Common Law, de Oliver Wendell Holmes Jr.

Júnior, Y. M; Mussolin, W; Postal, T.P. (2022). Capitalização de juros no direito bancário: uma busca pela uniformização. Anais do 20º encontro científico cultural interinstitucional.

Junquilho, T. A.; Cerqueira, M. R. (2016, jan./Jun.). A participação popular na formação dos precedentes em IDR no CPC 2015: ampliação da esfera pública habermasiana. Revista de Teorias da Democracia e Direitos Políticos. Brasília, 2, pp.271-288.

Lapponi, J. C. (2014). Matemática Financeira. Elsevier.

LENZA, P. (2012). Direito constitucional esquematizado. Saraiva.

Lisboa, R. S. (2012). Contratos difusos e coletivos: a função social do contrato. Saraiva.

Liz, J. P. (2012), Jun./Ago.). A nova diretiva sobre Direitos dos Consumidores. Revista Luso-Brasileira de Direito do Consumo, 2(2), pp.185-226. Curitiba: Bonijuris e J.M. Editora..

Lorentino, S. A. P. (2015). A tutela contratual do consumidor e o papel da jurisdição na contemporaneidade [Dissertação de Mestrado, Universidade Federal do Tocantins]. Palmas.

LUCAS, A. (2020). A Importância de Um Contrato: Devemos compreender a importância de um Contrato em qualquer das relações humanas. Jus Brasil. São Paulo. Disponível em: <https://www.jusbrasil.com.br>. Acesso em: 26. Jun. 2023.

Magalhães, L. A. L. de. (Org.). (2020). Direito do Consumidor: 30 anos do CDC. 1ª. Ed. São Paulo: Forense.

Lumia, G. Elementos de teoria e ideologia do direito. Martins Fontes.

Machado, C. E. (2020). Prática contra os abusos dos bancos. Imperium Editora.

Macêdo, L. B. (2014). Contributo para a definição de ratio decidendi na teoria brasileira dos precedentes judiciais. Revista de Processo, 234, pp.303-327.

Macêdo, L. B. (2017). Precedentes judiciais e o direito processual civil. Juspodivm.

Marinoni, L. G. (2016). Ética dos Precedentes: Justificativa no novo CPC. Revista dos Tribunais.

Marques, C. L. (2016). Contratos no código de defesa do consumidor: o novo regime das relações contratuais. Revista dos Tribunais.

Marques, C. L. (2016). Contratos no Código de Defesa do Consumidor. RT.

Marques, C. L.; Miragem, B. (2017). Curso de Direito do Consumidor. 6º ed. Revista atualizada dos tribunais. São Paulo: RT. Disponível em: https://solicitacao.com.br/files/conteudo/53/cursodedireitodoconsumidor2016-brunomiragem.pdf. Acesso em: 09. Dez. 2023.

Melo, J. (2021). Sistema de Precedentes garante segurança jurídica. Agência Nacional de Justiça. Brasília. Disponível em: <https://www.cnj.jus.br>. Acesso em 09. Jul. 2023.

Miragem, B.; Marques. C. (Orgs.). (2010). A proteção do consumidor: importante capítulo do direito econômico. In: Doutrinas Essenciais de Direito do Consumidor. Ed. RT.

Miragem, B. (2011). A defesa administrativa do consumidor no Brasil. In: C. L. Marques & B. Miragem (Orgs.). Coleção doutrinas Essenciais: direito do consumidor, 6. São Paulo: Revista dos Tribunais.

Miragem, B. (2019). Curso de direito do consumidor. Ed. RT.

Mitidiero, D. (2022). Precedentes: da persuasão à vinculação. Revista dos Tribunais.

Mollica, R. (2017). Recurso extraordinário e recurso especial repetitivo. Enciclopédia jurídica da PUC-SP. Celso Fernandes Campilongo, Alvaro de Azevedo Gonzaga e André Luiz Freire (coords.). Tomo: Processo Civil. Cassio Scarpinella Bueno, Olavo de Oliveira Neto (coord. de tomo). 1. ed. São Paulo: Pontifícia Universidade Católica de São Paulo. Disponível em:<https://enciclopediajuridica.pucsp.br>. Acesso em 20 mai.2023.

Montesquieu. (2000). Do espírito das leis. Martins Fontes.

Moraes, M. C. B. (2013). Do juiz boca-da-lei a lei segundo a boca-do-juiz: notas sobre a aplicação interpretação do direito no início do séc. XXI. Revista dos Tribunais Online (Revista de Direito Privado), 56, São Paulo.

Moraes, P. V. D. P. (2009). Código de Defesa do Consumidor: o princípio da vulnerabilidade no contrato, na publicidade, nas demais práticas comerciais. Livraria do Advogado.

Neves, D. A. A. (2017). Novo Código de Processo Civil: comentado artigo por artigo. Juspodivm.

Neto, B. A. B. (2018). Mas, afinal, qual é o conceito de precedente no Brasil? Revista Consultor Jurídico. São Paulo. Disponível em: <Conjur.com.br>. Acesso em 06. Jul. 2023.

Pasqualotto, A.; Soares, F. R. (2017). Consumidor hipervulnerável: análise crítica, substrato axiológico, contornos e abrangência. Revista de Direito do Consumidor.

Passos, J. J. C. (1997, set.dez). Súmula vinculante. Gênesis: Revista de Direito Processual Civil, Curitiba, 2(7), pp. 625-638.

Passos, A. D.(2020). A tutela administrativa do consumidor e o acesso à justiça: reflexões a partir do procedimento da reclamação [Dissertação de Mestrado, Univeersidade Federal da Bahia]. Salvador.

Pilouchas, E. E. A. (2019). Perspectiva constitucional sobre efeito vinculante dos precedentes jurisdicionais e sua afetação nas esferas dos poderes judiciário, legislativo e executivo [Trabalho de Conclusão de Curso Pós-Graduação Latu Sensu, Escola da Magistratura].

Portal STJ. (2020). Fundamentação especial só é exigida do julgador que deixa de seguir precedente com força vinculante. Brasília. Disponível em: <https://www.stj.jus.br>. Acesso em: 10. Jul. 2023.

Ramos, V. E. (2013, maio). Teoria dos precedentes judiciais e sua eficácia no sistema brasileiro atual. Revista Jus Navigandi, n.3621, Teresina. Disponível em:<https://jus.com.br>. Acesso em: 8 jul. 2023.

Resende, C. B. P. (2016). Precedentes judiciais e a efetividade dos direitos fundamentais. LTr.

Rodriguez, R. S. (2023) A independência do banco central na era da financeirização. Disponível em: https://enep.sep.org.br/uploads/2647_1678733382_Artigo_IDENTIFICADO_pdf_ide.pdf.

Rousseau, D. Para ser democrática, a justiça deve ser radicalmente refundada. Portal Justificando. Disponível em: http://www.justificando.com. Acesso em 08 de julho de 2023.

Roppo, E. (2009). O contrato. Almedina.

Rosa, J. S. (1995). Relações de consumo: a defesa dos interesses de consumidores e fornecedores. Atlas.

Rossi, P. (2015). Política cambial no Brasil: um esquema analítico. Revista de Economia Política.

Santos, M. O. V. (2012). Intervenção Judicial na taxa de juros. Escola da Magistratura do Estado do Rio de Janeiro.

Santos, V. J. W. V. (2015). Juros: espécies e controvérsias [Trabalho de Conclusão de Curso de Pós-Graduação, Escola da Magistratura]. Rio de Janeiro.

Schioppa, A. P. (2014). História do direito na Europa: da idade média à idade contemporânea. Martins Fontes.

Serra Junior, M. V. B. (2017, abr./Jun.). A vinculação do precedente judicial e a segurança jurídica. Revista de Informação Legislativa, 54(214), pp. 131-152. Disponível em: <https://www12.senado.leg.br>. Acesso em: 10. Jul. 2023.

Silva, J. S. L. (2012). Tutela administrativa do consumidor: uma análise crítica acerca do panorama atual em busca da necessária efetividade. Revista do Programa de Pós-Graduação em Direito da UFBA. n. 24. Salvador.

Souza, A. P. (2019). Fundamentação das decisões judiciais, precedentes e precedentes vinculantes. Migalhas. São Paulo. Disponível em: <https://www.migalhas.com.br>. Acesso em: 07. jul. 2023.

Tartuce, F. (2017). Manual de direito civil. Forense.

Tucci, J. R. C.; Bustamante, T. R. (2008). Precedente judicial como fonte do direito. Renovar.

Uliana, M. L. (2017). Direito Civil. Contratos. Princípios contratuais: dos princípios tradicionais aos modernos. Jus Brasil. São Paulo. Disponível em: < jusbrasil.com.br>. Acesso em 25 Jun. 2023.

Venosa, S. S. (2003). Direito Civil: parte geral. Atlas.

Waisberg, I; G. (2012). Direito bancário: contratos e operações bancárias. Quartier Latin.

Made in the USA
Monee, IL
04 November 2026

67377529R00075